明朝

鸮胖 恩子健 编著

中国纺织出版社有限公司

图书在版编目（CIP）数据

开讲啦！中国史. 明朝 / 鸮胖，恩子健编著. -- 北京：中国纺织出版社有限公司，2023.7
ISBN 978-7-5229-0056-8

Ⅰ. ①开… Ⅱ. ①鸮… ②恩… Ⅲ. ①中国历史—明代—青少年读物 Ⅳ. ① K209-49

中国版本图书馆 CIP 数据核字（2022）第 215356 号

责任编辑：向连英　　特约编辑：武亭立
责任校对：高　涵　　责任印制：储志伟

中国纺织出版社有限公司出版发行
地址：北京市朝阳区百子湾东里 A407 号楼　邮政编码：100124
销售电话：010—67004422　传真：010—87155801
http://www.c-textilep.com
中国纺织出版社天猫旗舰店
官方微博 http://weibo.com/2119887771
天津千鹤文化传播有限公司印刷　各地新华书店经销
2023 年 7 月第 1 版第 1 次印刷
开本：880×1230　1/32　印张：4.5
字数：78 千字　定价：39.80 元

凡购本书，如有缺页、倒页、脱页，由本社图书营销中心调换

前言
Qian Yan

明朝建立于公元 1368 年，灭亡于公元 1644 年，还有一种观点认为明朝实际灭亡于 1683 年。当然，后面多出的三十多年指的是崇祯皇帝下台，大清入关后明朝被迫南迁后的历史，史上称为南明。

1368 年，草根朱元璋推翻了蒙古人统治的元朝，自立为帝，国号大明，又一次把国家的主权掌握在汉人的手里，之后明朝共历经十二世，十六位皇帝，二百七十六年。明朝迁都北京，北京直到现在依然是我国政治、经济、文化中心。

《明史·地理志》里记载：明朝的疆域大体上是"东起朝鲜，西据吐蕃，南包安南，北距大碛，东西一万一千七百五十里，南北一万零九百四里。" 1100 万平方千米的广阔领土，使它成为同时期的泱泱大国，朝贡者络绎不绝。

明朝出现了继周朝、汉朝和唐朝之后的"盛世"，史称"治隆唐宋""远迈汉唐"。 在大明朝，无汉唐之和亲，无

两宋之岁币，无城下之盟，天子御国门，君王死社稷，创立了令我辈所敬仰的历史。明朝前期和中期经济文化极其发达，经济规模居全世界第一。然而到了明朝后期，皇帝怠政，官员腐化，到处搜刮民脂民膏，导致民怨沸腾，人们揭竿而起，欲推翻已经腐朽的明王朝。崇祯十七年（1644年），李自成率军攻克北京，崇祯帝自缢，同年清军入关，明朝灭亡。

　　明朝的历史，在经过了这么多年之后依然为人们津津乐道。那么现在就让我们一起看看明朝那些事儿吧，领略那段大明风华吧！

目录

第一章　草根出身的开国皇帝 　　001

　　朱元璋为什么定国号为"大明"　　002
　　母仪天下的马皇后　　006
　　敌国破，谋臣亡　　011
　　历史脉络图　　015

第二章　想做皇帝不是两三天了 　　017

　　皇位争夺战　　018
　　迁都的时候到了　　024
　　明朝航海家郑和　　029
　　历史脉络图　　034

第三章　明朝盛世：仁宣之治　　035

  以仁爱治天下的朱高炽　　036
  重臣三杨　　039
  守成之君的美中不足　　043
  土木堡之变　　047
  粉骨碎身浑不怕的于谦　　051
  历史脉络图　　055

第四章　做明朝的皇帝实属不易　　057

  在夹缝中生存的明孝宗　　058
  放荡不羁的武宗　　063
  明朝的文学巨作　　065
  历史脉络图　　068

第五章　明朝末期的纷乱与衰亡　　069

  大礼议之争——言官制度的真真假假　　070
  敢骂皇帝的大清官海瑞　　075
  一代奸相——严嵩　　078
  历史脉络图　　082

第六章　隆庆新政的曙光　083

无法评说的隆庆帝　084
一代名相张居正　086
历史脉络图　091

第七章　长时间不上朝的皇帝在做什么　093

万历帝不上朝的记录　094
万历年间的三大征战　098
万历中兴的具体举措　103
"一月天子"明光宗　107
历史脉络图　112

第八章　明朝的成败是说不清的　113

如果没有做皇帝，我该是一位好木匠　114
只知魏忠贤，不知有皇上　118
像风一样自由的东林党　120
历史脉络图　124

第九章 明王朝没落了 　　125

袁崇焕死得有点冤　　126

煤山自缢的悲情皇帝　　130

历史脉络图　　134

参考文献　　135

第一章
草根出身的开国皇帝

朱元璋为什么定国号为"大明"

◎ 大明渊源

朝代的名称是由什么决定的呢?不同的朝代、不同的皇帝思想不一样,所以他们创建国号时会根据不同的理念、感受、部落或者家庭的爵位以及所生活的地方来命名,当然无一不寓意着美好吉祥。每个朝代建立之时要做的第一件事就是确立自己的国号,那么明朝的国号从何而来呢?

关于明朝的国号——大明,我们必须得从明朝的开国皇帝朱元璋说起。

朱元璋的人生可谓是传奇的一生。他也是继汉高帝刘邦以来第二位平民出身的君主。用今天的话来说,朱元璋是地地道道的草根一族。他做过乞丐、和尚直至做到皇帝的位置,可以用四个字概括他的遭遇——天上人间。

确实,朱元璋在"人间"的时候,衣不蔽体,食不果腹。1328年,朱元璋出生了。那时正是元朝末年,元朝政府早已病入膏肓。元至正四年(1344年),黄河泛滥,百姓流离失所,哀鸿遍野。这一年,朱元璋家里饿死了好几口人。老爹、老妈、大哥以及大哥的儿子都相继死去。这是一个值得并且要永远铭记的悲惨年代。

为了解决吃饭的问题，朱元璋不得不考虑出家做和尚。因为在当时，做和尚是他所能想到、能做到的唯一的活路。也正是在他做和尚期间，积累了自己人生第一笔财富。因为要云游化缘，他差不多走遍了淮西的名都大邑，接触了各地的风土人情，见识了世面，开阔了眼界。艰苦的流浪生活练就了朱元璋坚毅、果敢的性格，但也使他变得残忍、爱猜忌。这段生活对朱元璋的一生产生了深远影响。

这期间朱元璋还结识了全国许多"英雄豪杰"，最大的收获就是加入了当时所谓的邪教——明教。

入教后，因为他作战勇敢、机智灵活，而且粗通文墨，很快得到郭子兴的赏识。明教宣称"黑暗即将过去，光明将要到来"，借以鼓舞人民反对黑暗的元朝统治。明教的首领韩山童被尊称为"明王"，而他的儿子韩林儿被称为"小明王"，体现了其教义神圣的宗旨——明。

其实，朱元璋之前的名字叫朱重八。在加入明教后特意改了名字，其意思是：诛（朱）灭元朝的璋。"璋"字的意思是一种尖锐的玉器。

朱元璋率兵出征，有攻必克，深得郭子兴的喜爱，于是郭子兴便把自己的养女马秀英嫁给了他。此后，军中便称朱元璋为"朱公子"。直到后来朱元璋屡建战功，被封为"吴王"。

朱元璋审时度势，凭借自己的雄才大略和远见卓识，对明

教北伐做出了精心部署，推翻了元朝的统治。在取得政权后，他取国号为"大明"，一方面固然是因为明教是明朝的发端，另一方面据史书记载，"国号大明，承林儿小明号也"，据说这是刘伯温的主意。朱元璋手下的将领，不是出于淮西彭莹玉的教化，就是小明王的属下，大都是明教的教徒，因此朱元璋定国号为大明也就是顺理成章的事情了，而且这样还意味着朱元璋就是明王降世，其他人都不具有合法性，社会上再也不应出现其他的明王了，这也有助于稳定人心。此外，明字代表着光明，分开是日、月二字，是十分吉祥的，代表了大明王朝的神圣。在当时看来，朱元璋这皇位似乎也来得名正言顺，但是后人不免要疑惑，为什么坐在皇位上的不是明教教主韩山童或者韩林儿呢？

◎ 没落的明王

韩山童出生于河北栾城，是元末起义军首领，宣传"弥勒降生，明王出世"。他编造"石人一只眼，挑动黄河天下反"的民谣四处传播，同时在河道中埋设一石人，背刻"石人一只眼，挑动黄河天下反"。待石人挖出，人心浮动，韩山童趁机在颍州颍上发动起义。当地县令为了镇压起义，急调军队前去围剿。可怜的韩山童不幸被俘，随即被杀害。所以这位明教教主未能等到革命取得成功就死翘翘了。

韩山童被捕去世后，其子韩林儿随母亲逃往武安。后来韩山童的老部下刘福通等攻克颍州，至正十五年（1355年）春，刘福通等迎韩林儿至亳州，立为帝，称小明王，改元龙凤，韩林儿号称自己是宋徽宗九世孙，故国号为宋。

然而，宋政权建立后，韩林儿年轻，又无军事指挥能力与经验，所以这个皇帝只是徒有虚名而已，事事都依靠刘福通。

至正十八年（1358年）七月开始，元军开始大举反攻。当时宋军三路北伐没有达到预期目标，反而造成兵力分散，陷韩林儿于无援之地。次年五月，汴梁被围。八月，汴梁城破，刘福通护韩林儿冲出重围，逃往安丰，韩林儿的妻子及诸官员家属数万人被俘，符玺、印章、官库被夺，宋政权遭到严重破坏。

至正二十四年（1364年），朱元璋在取得鄱阳湖大战胜利后，即吴王位。朱元璋长期的战略思维习惯，让他一而再、再而三地从权谋中得到好处。这时，宋政权也已名存实亡，而朱元璋想做皇帝的心思不断膨胀起来，觉得留着小明王就是个阻碍。十二月十二日，朱元璋在平定南方割据势力取得节节胜利之际，命廖永忠自滁州迎小明王、刘福通至应天，船至瓜步（今江苏六合南），将他们溺死，为自己扫清了成就霸业的阻碍之一。

母仪天下的马皇后

我们知道一个成功男人的背后总有一个默默奉献的女人。朱元璋成功地成为一代帝王，他的妻子一样功不可没。马秀英，朱元璋的结发妻子，其父与郭子兴是莫逆之交，却不幸英年早逝，留下孤女马秀英，被郭子兴收在府里为义女。

马秀英有个绰号"马大脚"，不用想就知道其有一双大脚。在封建社会，女子在幼儿时期，都要经历缠足：就是用白布死死地缠在脚上，勒令其不能生长，其实这是一种对妇女的残害方式，缠过足的女人只能用足跟走路，不能走长路。而脚的形态在成年后还保持着幼年时的大小，随着年龄的增长，脚骨会变得越来越畸形。马秀英估计是孤儿的原因，错过了缠足的年龄，所以拥有一双"大脚"。

马秀英二十一岁时嫁给朱元璋，不得不说，一半原因是郭子兴。想当年，朱元璋投在郭子兴的麾下，屡建战功。郭子兴看他有些才能，一心想培养成自己人，可是还不敢断定眼前之人是龙是马。于是思索良久后想到了一个万全之策——把自己的养女马秀英许配给朱元璋。此可谓一石二鸟，自己不用押上亲生女儿去做赌注，又可以与朱元璋有夫婿之名。就这样，郭子兴顺利地把朱元璋归在自己的名下。

马秀英除了脚大之外没有一点儿可以挑剔之处，相貌端庄、贤良淑德、饱读诗书。当年郭子兴对朱元璋是又重用又防范，重用其为自己攻下一座座城池，又防范其会功高盖过自己。郭子兴为了自己的长远打算，常常是恩威并施，朱元璋稍有差错，就对其身体惩罚——饥饿法，把朱元璋关在黑房子里，不让他吃饭。

有一次，朱元璋被郭子兴关了三天，滴水未进。马秀英担心他挺不过去，于是偷偷拿着刚出炉的烧饼前去看望，却不想高温的烧饼把自己的胸前烫了个大伤疤。这件事后来让郭子兴的夫人知道了，郭夫人是个深明大义之人，问郭子兴为何要如此对待女婿。郭子兴支支吾吾说不出原因，于是不得不放了朱元璋。然而郭子兴却以荒年为由，每日分到朱元璋屋子里的饭食少得可怜。马秀英就把自己的那份让给朱元璋，自己只吃朱元璋剩下的饭菜。

可以说马秀英对自己的夫婿朱元璋是尽心尽力，自从结婚之后，她把自己的命运与朱元璋的命运紧紧地联系在一起，事事以朱元璋为主，与他同甘苦、共患难。

元军大败后，朱元璋的部下搜罗了元朝遗留下的无数珍宝。出身寒室的朱元璋看到这些珍宝，顿时喜欢得不得了。而马秀英及时地告诉朱元璋："珠宝这么好看，为什么没有护住元朝的江山？"一句话惊醒梦中人。朱元璋感慨地说："皇后言之有理，得皇后，朕如得一良相呀！"这是一代君王对自己

的皇后最高的评价。

马秀英做了一国之母后，朱元璋极力为马家找到同姓根源以继其父的俸禄，而对于此事，马皇后极力反对，她说"爵禄私外家，非法"。是的，大明朝刚刚起步，她不想以一己之私影响大明朝的国运，也不想为国库增加一项开支。马皇后的这一举动让那些蠢蠢欲动想为自己家争福利、谋名节的嫔妃们都不敢再生是非了。

马秀英即使做了皇后，也如从前般节俭，她的衣服从来不披丝挂银，质料都是平常百姓家最寻常的面料，甚至穿破了还会缝补继续穿。马秀英对子女们非常仁爱，从来不讲究嫡庶，勉励他们学习，要求他们生活俭朴，并加以教诲说："你们生长在富贵家庭，不知纺织的难处，要爱惜财物。"

你知道吗？

露马脚

马皇后的一双大脚确实让她有点难堪。因为在封建社会以缠足为风尚，是人人以脚小为荣的时代。于是她在做了皇后之后，出席一些重要的场合时，总会有意地把自己的一双大脚隐藏在裙摆之下，尽量让它不显露出来。可是有一次，马秀英坐轿子出门办事，轿子走到集市时，街两旁的人群都想一观国母的威仪，却不想此刻忽然刮起了一阵强风，风把轿子的帘子都吹飞了，一起吹起的还有她的裙摆，于是，她的那双大脚赫然地露了出来。后来，人们给这一事件起了个名字——露马脚，用来形容故意想要隐瞒的事情却不小心暴露了。

对于朱元璋的一些过激行为，比如后来朱元璋开始滥杀功臣，马皇后是能劝就劝，劝不了就力保。朱元璋对自己的结发妻子是又敬又爱，只要是马皇后提出的事情，朱元璋必会三思而后行。

马皇后事事做到为人着想，在其生命的最后时光里，她深知自己时日无多，又担心朱元璋残暴的性格会为无辜的人带来祸事，于是坚决拒绝治疗，宁愿自己病死也不愿别人为自己承

担风险。

洪武十五年（1382年），这位贤惠善良的皇后离开了人间。马皇后一度被人们比作唐代的长孙皇后，不愧为"一代贤后"，后世的皇后都以其为楷模。

敌国破，谋臣亡

"狡兔尽，走狗烹；飞鸟尽，良弓藏；敌国破，谋臣亡"，汉代名将韩信因被诬陷而发出这样的悲叹。

历史总是惊人的相似，朱元璋与刘邦都是平民出身的皇帝，不知道是不是这个原因，两人的思维方式不谋而合。刘邦那会儿为保自己的江山社稷，也就杀杀对自己有威胁的武将，这一行为尚能理解。而朱元璋不但杀武将，连一些文官也不放过，谁要是有一点儿风吹草动，朱元璋就会让他吃不了兜着走。

刘伯温很聪明，看透了朱元璋的心思，一心想归隐。原本以为告老还乡可以安养余生，可是事情远没有他想象得那么简单，刘大哥身不在江湖，但江湖有他的传说。当了宰相的胡惟庸因与他不和，又貌似听了些小道消息，说自己之前迟迟做不了宰相皆因刘伯温曾经在朱元璋面前说过自己的坏话。

胡惟庸是个小肚鸡肠的人。刘伯温早已离朝，而他也早已做了丞相，偏就这块心病放不下去。于是寻了个借口，状告刘伯温竟然找了个有"王气"的坟地，其行为对皇家有冲。

本来就怕臣子会图谋不轨的朱元璋一听，这还了得，先剥

了刘伯温的官禄再说。刘伯温一听说此事，就马不停蹄地赶到应天，他明白朱元璋的性格，多疑残暴另加对皇权的贪婪，他要老老实实地待在天子脚下，让朱元璋眼见心安。

刘伯温的良苦用心没有得到预期的结果。对于刘伯温，朱元璋是有所顾忌的，明目张胆地除去刘伯温说不过去，再说马皇后一直反对自己滥杀功臣，所以这一次朱元璋玩了一次借刀杀人。

据《明史》记载：刘伯温死后不久，朱元璋与刘伯温的儿子说了一些意味深长的话。他说："刘伯温在这里时，满朝都是（胡）党，只是他一个不从，吃他（们）蛊了。"朱元璋又玩了一次推卸责任的把戏，他把所有的责任都推到李善长和胡惟庸身上。刘伯温的儿子再有怨言也不敢明言，他深知眼前的人是谁。

洪武十三年（1380年），朱元璋宣布以"擅权植党"罪处死胡惟庸。胡惟庸这个丞相的权力是越来越大了，到了不剪除不行的时候。先看看朱元璋给其定的罪名——擅权植党？植党，顾名思义，一定牵连了一群人，于是凡是有牵涉的人统统被杀。匪夷所思的是，胡惟庸被处死后，他的罪状是一年一个台阶地上涨，越涨越大，由"擅权植党"到"通倭通虏"再到"谋反"。每一次罪状的升级就牵涉一大批人，所牵涉的人数是越来越多。朱元璋毫不手软，只要是与胡惟庸有瓜葛的，无一幸免。后来连李善长也牵涉进来了。李善长是开国功臣，朱元璋曾赐其两个免死金牌，其子还另有一个免死金牌。可是此一时彼一时，77岁的李善长不但不能幸免，还波及其一家七十多口被杀，只余其子免受其难——皆因是朱元璋的驸马爷。

光胡惟庸一案，被杀的功臣及家属共计达三万余人。此为史上著名的"胡党事件"。

事情远还没有结束。后来又发生了一起"蓝党事件"。蓝党的"创始人"是开国大将军、常遇春的小舅子——蓝玉。当年蓝玉在常遇春麾下骁勇善战，所向披靡，立下赫赫战功。

蓝玉自恃是有功之臣，骄横跋扈，侵占民田，忘乎所以。当御史询问时，竟将御史鞭打后赶走。北征时私占大量珍宝，回师后夜经喜峰关，因守关吏未及时开门，竟纵兵毁关而入。

朱元璋农民出身，当皇帝后最恨的就是欺压百姓又目无王法的人。蓝玉的所作所为引起了朱元璋极大不满。当然，令朱元璋不安的还有蓝玉的军事指挥才能以及他手里的军权。

朱元璋当机立断，命锦衣卫发兵捉捕，自蓝玉以下，一一拿到殿前，先由自己亲自问讯，继由刑部锻炼成狱，无论是真是假，一股脑儿当作实事，遂将他一并正法，并把罪犯族属尽行杀死。"蓝玉党案"共弑杀一万五千余人，所有元功宿将，几乎被一网打尽。

后来连太子老师宋濂的孙子也被牵涉进去了，朱元璋杀了宋濂的孙子仍不解恨，还恨屋及乌一定要治宋濂的罪。后来被马皇后晓之以理劝了下去。宋濂虽没被杀头，却被流放到边外。

有史记载，朱元璋是担心太子朱标太过仁厚了，而这些功

臣又居功自傲,怕自己千古之后,辛辛苦苦打下的大明江山落入他人之手。所以说"敌国破,谋臣亡"不是单纯的残忍,而是君主要加强中央集权必然做出的行为,功臣再重要,比起江山来,又算得了什么呢?

你知道吗?

宋濂

宋濂,元末明初著名文学家,曾被明太祖朱元璋称之为"开国文臣之首"。宋濂还与高启、刘伯温并称为"明初诗文三大家",刘伯温也曾赞其为"当今文章第一人"。宋濂主修了《元史》,有《宋学士文集》传世。

历史脉络图

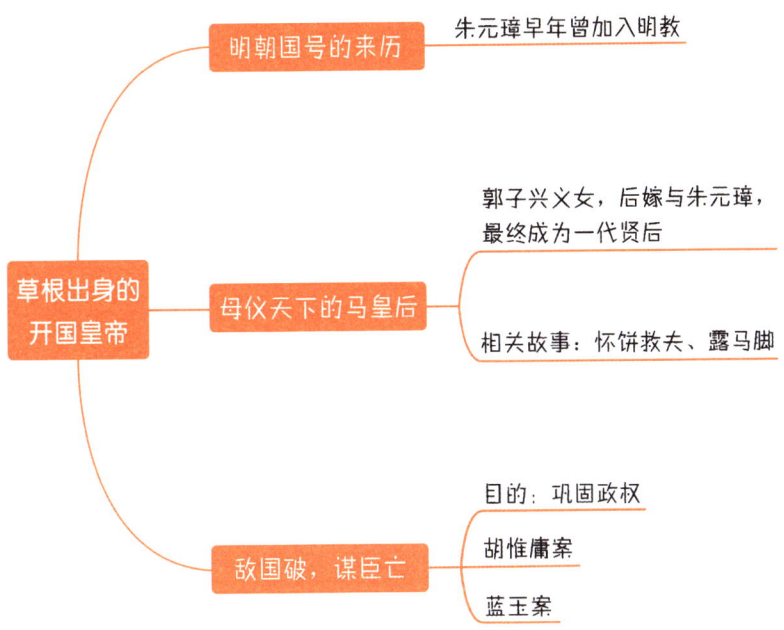

第二章
想做皇帝不是两三天了

皇位争夺战

◎ 靖难之役

早在朱元璋南征北战打天下的时候就对祖国的大好河山发出过感慨：天下如此之大，将来我一定让我的儿孙划藩为王，共同保家护国。但朱元璋这一美好的愿望带给大明江山以及后代的是福是祸？且往下看。

洪武三十一年（1398年）闰五月，朱元璋驾崩，结束了自己传奇的一生。可是朱元璋死后并没有把皇位传给儿子，而是直接传给了自己的嫡孙朱允炆，也就是后来的建文帝。

朱元璋有二十六个儿子，为什么要把皇位传给孙子而不是儿子呢？

这话得从头说起。朱元璋在世时的太子是嫡子朱标，可惜这位皇太子没有做皇帝的命，还没等到朱元璋"退休"，他就结束了自己尊贵又平淡的一生。

重立太子确实让朱元璋费了一些脑筋。大明朝对皇位的继承并不是以贤德居之，而是明文规定：皇储，国之根本，有嫡立嫡，无嫡立长。

朱标去世后，朱元璋确实是想在儿子里选接班人的，最有希望的就是行事作风与自己如出一辙的四子朱棣。然而，这个想法最后被否定了。因为朱元璋一生都在推崇理学，他有着比常人更为强烈的正统思想，所以在立储这样的国家大事上更应该遵循大明的礼教宗法。

真正起决定性作用的还是大臣刘三吾的一句话："如果你立朱棣为储，那如何面对另外的亲王？"是呀，当时朱元璋已把自己的儿子们和一个孙子封为亲王，分别划地为藩，让他们上卫国家，下安生民，而当时的朱棣早已在北京做了多年的燕王了。

朱元璋已经是六十多岁的花甲老人，也许他也不想大动干戈，也不想打乱立储的规矩，也想以此为例，让后人有例可循吧！于是，太子之位就落在嫡孙朱允炆的头上。

可是世事难料，朱元璋万万没有想到他死后不久，一场争夺皇位的战争——靖难之役便拉开了帷幕。

朱允炆做了皇帝后，与自己的祖父思想完全不同，他一直对这些"上卫国家，下安生民"的藩王耿耿于怀。毕竟他不是朱元璋，可以安享这些儿孙之福，那些个个如狼似虎的叔叔们让他时时感到会酿成汉代"七国之乱"、西晋"八王之乱"的悲剧。

藩王的势力越来越大，建文帝更是愁得吃不下饭、睡不着觉，此时作为重臣的齐泰、黄子澄两人为建文帝出谋划策——削藩。

这一次,建文帝遇到了同自己的祖父朱元璋当年类似的选择——先灭陈友谅还是张士诚的问题。

削藩,原本矛头直指的就是势力最大的燕王。然而真正实施时,建文帝作出了普通人的选择——先拣软柿子捏。这就显示了这个帝王所欠缺的王者之风。

建文帝先对付了两个最弱的藩王,这一下激怒了那些在自己的王国里过得本来还算滋润的藩王们,其中,反应最激烈的就要数燕王朱棣了。你想呀,本来他就窝着一口没当上皇帝的气,这气还在胸口没消呢,偏偏建文帝又来削藩这一招。

朱棣非常生气,直接就想上应天找这个做皇帝的侄子理论。他一边准备进京,一边操练士兵和打造兵器。当然,他不会师出无名,不然,连个入京的理由都没有,他怎么站出来理论呢?

这个不难办。祖上有训:"为恐权臣篡权,藩王有移文中央索取奸臣和举兵清君侧的权力。"于是朱棣以此为由,称齐泰、黄子澄为奸臣,须加诛讨,并称自己的举动为"靖难","靖"指平息、扫平、清除,"靖难"代表平定祸乱,扫平奸臣的意思。然后打着"清君侧"的旗号,带着自己的军马浩浩荡荡直奔南京而去。

建文帝再傻也知道朱棣想要干什么,于是召集大臣商议开战。可是由于朱元璋后期大肆杀戮功臣宿将,到了这会儿,想找个带兵的都不容易。最后勉强起用年近古稀的老将长兴侯耿炳文为大将军,率军十三万北上伐燕。可惜的是南方将士多不服北方水土，还未怎么交锋就败下阵了。无奈的建文帝不得不听从黄子澄的推荐，任曹国公李文忠之子李景隆为大将军。

李景隆只是个沾了父亲的光、一点儿真本事都没有的草包。不过还好大明朝有的是人马，建文帝一下子拨给李景隆六十万的兵马。凭着浩浩荡荡的队伍，李景隆也着实打了几个胜仗，原本可以让朱棣死于乱刀之下的，可是建文帝这个文绉绉的皇帝有着与其祖父完全不同的性格——仁慈，一向以德服人的他并不想担负弑杀皇叔的罪名。于是给了朱棣翻身的机会。

"对敌人的仁慈，就是对自己的残忍。"估计这句话朱允炆没听过，生于深宫、长于深宫的他根本不懂得人性的险恶，文绉绉的书生气息怎么能抵挡住朱棣咄咄逼人的藩王之威？

之后，大将军李景隆一败涂地，建文帝撤免了他的大将军职务。听从黄子澄的计谋，走了个下策，遣使议和以求缓攻。此时的朱棣怎肯言和：一开战，建文帝早就给自己定下"谋权篡位"的罪名——这是什么样的性质，他心里清楚得很，一旦妥协，来个秋后算账，那后果就可想而知了。

万般无奈的建文帝又一次以"割一半的皇土，分南北朝"为条件同朱棣交涉，可惜这次又被朱棣拒绝了。

这一场战争着着实实打了四年。建文四年（1402年）六月，朱棣的大军兵临城下，削职去守卫金川门的李景隆和谷王为朱棣开门迎降。朱棣大大方方地接受了文武百官的夹道欢迎，并在群臣的拥戴之下坐上皇位，是为明成祖，年号永乐。

朱棣入宫后,并没有找到建文帝。而所谓的皇宫早就成了一片火海。朱棣下令挖地三尺也要找到建文帝,可是最后找到的只是一具被冠以"建文帝"名字的面目全非的尸首。

◎ 书呆子——建文帝

建文帝,明朝的第二个皇帝。《明史》记载,这位朱元璋的嫡孙,从小就聪明伶俐,好读书,孝顺,为人正派。可以说他是个性格温顺且非常有教养的人,即便是打仗他也能做到按规则出牌,亦可见此人的迂腐。

长年的宫廷生活使深受儒家思想熏陶的建文帝成为一个书生气胜过帝王气的人。他遗传了父亲朱标宽厚温和的性格，与各个如狼似虎的皇叔们相比，他犹如圈在宫墙之内的小绵羊。

建文帝登基后，一改朱元璋专横跋扈的统治方式。他启用了黄子澄、齐泰、方孝孺等重臣开始改革，废除了明太祖在世时的苛刻政策，给朝廷营造了一个宽松的环境。

可惜的是，好景不长。靖难之役后，这位好皇帝便下落不明了。

迁都的时候到了

朱棣成为明朝的第三位皇帝,但是这个皇帝来得名不正、言不顺。因为天下人都知道,他的皇位是谋权篡位而来。这着实让朱棣不安,于是面对着前朝留下的宫殿,朱棣更是有苦说不出。

朱棣身在皇宫,却一直惴惴不安。这个皇都——应天,让他陌生,让他不习惯,最让他不敢言明又不安的是,他觉得自己活在生死不明的建文帝的视线里。

于是朱棣就有了想法——迁都。一定得迁都,不管大臣劝说迁都是如何劳民伤财,也不顾皇室其他人的阻拦,这个唯我独尊的皇帝,任何事由都打消不了他迁都的决心。

首先,朱棣审视了自己的万里河山,左看右看哪里都不及自己的老巢——当时名字还是顺天府的北京。当然,不得不说朱棣也是个精明的人,这其中还包括了许多军事战略方面的重要因素。当时明朝最大的政治敌人是北方的蒙古人,南京地处江南,对控制西北的形势有鞭长莫及之感,而北京与蒙古相邻。

定都在北京是祸是福呢?这个问题,朱棣不是没有考虑过。

第二章　想做皇帝不是两三天了

早在朱棣还是燕王时，最喜欢的就是没事带着自己的部下去蒙古地界骚扰一下，当时的燕王很乐意玩这种侵略的把戏。无疑，朱棣的血脉里流淌着许多好战的基因。后来，朱棣在位二十二年，大部分时间都在带兵出征。所以他也明白，想要扼制敌人，首先要做到的就是近距离地观察敌人，防患于未然。

事实证明，朱棣当时的想法是正确的。

永乐四年（1406年），朱棣下诏，宣布开始筹备营建北京。他要建一个有史以来最大的皇宫，他要让它金碧辉煌，他要让它固若金汤。于是他征集了全国最高明的匠师，调拨了二三十万民工和将士准备开始建设工程。

心有多大，舞台就有多大。朱棣后来建成的紫禁城，在经历了六个世纪的漫长岁月后，依然是史上最大的皇宫。他选择的都城，今天依然是政治、经济中心。

迁都并不容易，此时北京因为元朝的灭亡早已满目疮痍。建皇城，不是一朝一夕的事，庞大的工程、巨额的费用，都是朱棣不得不考虑的事情。一心想要办的事，就一定有办法解决。朱棣制订并实施了两个方案。第一个方案：让江南的富庶人士移民北京；第二个方案：打通南北的运河干线，全力支持京城的建设。这样，建都的财赋供给与人口问题都解决了。

京城的设计，朱棣最后交给姚广孝负责——一个出家人。如此大任交给一个和尚，姚广孝有什么特殊的才能吗？

姚广孝，法号道衍，出生在一个世代行医的家庭，虽不是大富大贵，但也衣食无忧。十七岁时，姚广孝皈依了佛门。可

是入了佛门的他,又对易经、方术以及军事策略感兴趣,并刻苦学习。

洪武十五年(1382年),姚广孝终于等到了人生的转折点。这一年,姚广孝遇到了被封为燕王的四皇子朱棣。

原来,朱元璋的结发妻子马皇后不幸病逝时,朱元璋在天下广寻高僧,并将此任务分配给各个皇子,让高僧们带领皇子们修寺诵经,为马皇后祈福。那次的行动,姚广孝恰好也在,当朱元璋安排这批高僧与众藩王见面时,姚广孝一下就相中了朱棣。

朱棣起初对这个长着三角眼的和尚并不感冒,却因姚广孝一句"送给王子一顶白帽子"而感到此人非同一般。王字加上白字,再傻的人也能想明白,那是个"皇"字。

你知道吗？

永乐大钟

北京城的大钟寺以钟得名。其寺里保存了永乐时期铸造的最大的钟——永乐大钟。此钟系永乐帝朱棣下令制造。朱棣一向以己为大，他建史上最大的皇宫，又担心紫禁城哪天也会像阿房宫一样毁于一旦，于是费尽心思又铸造了世上最大的青铜钟，以铭记自己的千秋功德。此钟高6.75米，直径3.7米，重46.5吨。钟体呈黄褐色，犹如黄金裹体。令人称绝的是此钟内外铸有经文共计230 184字，铸造工艺精美，为佛教文化和书法艺术的珍品。

每当新年来临的时候，这座大钟就会敲响。其音质清脆悠扬，回荡不绝。这口大钟已敲击了六百年，至今仍完好无损。连外国著名的铸造专家也不得不感慨："永乐大钟是世界铸造史上的奇迹，就是科学发达的今天也难以实现。"

这件事距后来朱棣做皇帝差不多有二十年的时间。由此可见，此人有过人之能。但换句话说，如果没有姚广孝挑动朱棣的谋反之心，那么大明朝乃至中国的历史可能是另一番模样。

后来，姚广孝死心塌地地效命于朱棣，当然也是为了成全

自己多年的夙愿——建立千秋伟业。可以说姚广孝一生都在为朱棣讨江山、打江山以及守江山而不断努力。

有后人作诗赞曰：

　　不辅正统辅燕王，一代奇士空门藏。
　　建策靖难得大位，荐使郑公下西洋。
　　自比前朝刘秉忠，实为释家诸葛公。
　　慧眼看穿千秋事，早知朱棣是文皇！

明朝航海家郑和

朱棣的励精图治终于让明朝繁荣起来，经济一繁荣各个行业都被带动起来了。纺织、陶瓷、造纸、印刷等都不同程度地有了前所未有的发展，尤其是造船业以及航海技术的进步，这一切都让朱棣蠢蠢欲动。现在我们不难看出朱棣完全就是个闲不下来的家伙，他再次发挥了创新的本领，于是派遣郑和开始远航——其一，他要宣扬国威，向外示富；其二，他派郑和这个心腹去查一下有可能流落在海外的建文帝的下落。

永乐三年（1405年），明成祖又一次为中国的历史书写了前所未有的伟大篇章。他派遣郑和率领规模巨大的船队出海远航，最远到达非洲东海岸，与南洋、印度洋的三十多个国家和地区进行了友好和平交流。

郑和这位中国历史上伟大的航海家和外交家，于明洪武四年（1371年）出生在云南昆明，原姓马，名三宝，回族人。

洪武十三年（1380年）冬，这一年马三宝十岁，明朝军队进攻云南，马三宝和一群孩子被掳入军营。他的命运由此被改写。

马三宝遇到了人生最悲痛不堪的事情。那些军士把其阉

割成太监，之后被送入朱棣的燕王府当差。后来在靖难之役中，马三宝为朱棣立下赫赫战功。永乐二年（1404年）明成祖朱棣赐马三宝"郑"姓，改名为和，任内宫太监，官至四品。

马三宝出生于昆明一个信仰伊斯兰教的家庭，其父亲与祖父均曾朝拜过伊斯兰教的圣地麦加，于是幼年的他在父亲与祖父的言谈熏陶中，就对伊斯兰教的教规和教义非常熟悉，对各国的风土人情也有所了解。此时的三宝对父辈口中的神秘世界充满了好奇，他希望有朝一日也能像父辈们一样远涉重洋去膜拜那个伊斯兰圣地。少年的郑和开始潜心研读航海史籍，学习一些在海上生存的方法，为实现心中的理想准备着。

郑和一直效忠于朱棣，在朱棣还是燕王的时候就为其立下汗马功劳。当然，郑和还是一名宦官，这就使得他与朱棣有许多亲密接触的机会。从某种意义上讲，郑和下西洋这一决定多半是因为朱棣相信自己身边的人——郑和和姚广孝，以及他无意识中透露出的伟大理想。

永乐二年（1404年）郑和第一次显露了自己的外交水平。这一年，他受命出使日本，利用自己的外交能力，使得日本国主动出兵清剿在中国沿海的倭寇，并与中国正式建立外交关系，签订贸易条约。这些外交成果使朱棣十分满意，并为之后的下西洋埋下伏笔。

时机终于成熟了。1405年7月11日，明成祖朱棣命郑和率领由二百四十多艘海船、二万七千四百名船员组成的船队，当然船上还有明朝当时的许多特产，比如丝绸、瓷器等。然后从南京龙江港启航，浩浩荡荡地经太仓出海。由此，郑和终于怀揣着多年的梦想开启了自己漫长的下西洋的旅程，同时也为明朝打开国门走向世界，与世界进行文化交流作出了贡献。

郑和作为明朝的使者，每到一地，都代表尊贵的明朝皇帝去拜会当地国王或酋长，同时与他们互赠礼品，向他们表示通商友好的诚意。郑和还同各国商民交换货物，平等贸易，购回当地的特产象牙、宝石、珍珠、珊瑚、香料等。

在此后的二十八年时间里，郑和共率船队七下西洋，经东南亚、印度洋到红海和非洲，遍访亚非三十多个国家和地区。这在中国航海史上和对外开放交往史上都具有开创性和先驱性的意义。

世界上没有任何事情是一帆风顺的，郑和下西洋也是如此。

郑和第一次下西洋，第一个到达的国家是爪哇岛上的麻喏巴歇国。这里是南洋的交通要道，人口稠密，物产丰富，商业发达。

好不容易看到陆地的郑和等人欢喜异常，急着下船去看看这里的风土人情以及贸易交往情况。郑和在下船之后才发现这里正在发生着激烈的战争，想要躲避时一切都迟了。

此国有两大敌对之人——东王和西王，而镇守在这里的西王以为这支庞大的部队是自己的敌人东王的扶持者。于是，西王与郑和的部下发生了冲突，郑和手下一百七十多人因此而丧命。

当西王明白过来是怎么回事后，万分恐惧，赶紧派使者去谢罪，并提出赔偿六万两黄金以赎罪。郑和第一次下西洋就出师不利，而且又无辜损失了一百七十多名将士，按朱棣的暴戾性格以及大明朝当时的强大，势必会引发一场大规模的战斗。

然而，郑和深知自己此行的目的不是引发战争，又得知这是一场误会，西王又十分诚意地请罪受罚，于是禀明皇帝，希望能化干戈为玉帛。

郑和的深明大义让明王朝以和平方式结束了这场误会。并谢绝了麻喏巴歇国提出的赔偿要求。西王知道这件事后，十分感动，从此两国确立了外交关系，并每年对大明朝贡。

你知道吗？

《郑和航海图》

郑和每到一个地方就记下这个地方的特征、名字并画下航线，以便指导自己或者后人能够不费周折地再次到达这些地方。

这些手稿是郑和下西洋的伟大航海成就之一。

此稿后来被编辑成册，名为《郑和航海图》。此书以郑和船队的远航时间为依据，经过加工整理绘制而成。其内容十分丰富，有海岸线、岛屿、港口，还详细注明了地理名称的图标。这是中国最早的航海图，也是世界上现存最早的航海图籍。

历史脉络图

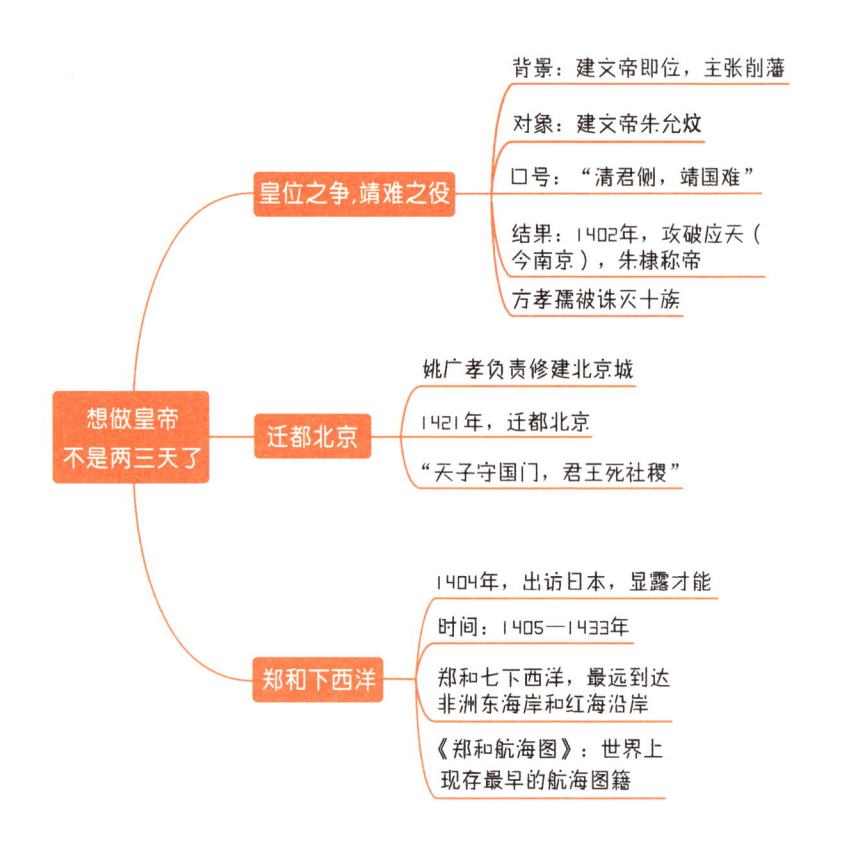

- **想做皇帝不是两三天了**
  - **皇位之争,靖难之役**
    - 背景：建文帝即位，主张削藩
    - 对象：建文帝朱允炆
    - 口号："清君侧，靖国难"
    - 结果：1402年，攻破应天（今南京），朱棣称帝
    - 方孝孺被诛灭十族
  - **迁都北京**
    - 姚广孝负责修建北京城
    - 1421年，迁都北京
    - "天子守国门，君王死社稷"
  - **郑和下西洋**
    - 1404年，出访日本，显露才能
    - 时间：1405—1433年
    - 郑和七下西洋，最远到达非洲东海岸和红海沿岸
    - 《郑和航海图》：世界上现存最早的航海图籍

第三章
明朝盛世:仁宣之治

以仁爱治天下的朱高炽

经过朱元璋与朱棣对大明江山几十年强硬的管理模式后，再即位的守成之君们顺应时代的发展所需以及自身性格的原因，一改其强硬粗暴的执政方式，大明朝出现了前所未有的新气象。这一时期历经明朝的第四个皇帝仁宗和第五个皇帝宣宗，称为"仁宣之治"。

朱元璋打天下，朱棣很好地夯实了明朝的基础，到了朱棣的儿子——仁宗朱高炽做了皇帝后，顺应时代发展，这位本性仁厚的帝王，少了祖上的残暴苛刻，多了"以德服人"的观念，坚持以仁爱治天下。

有一次，朱元璋让朱高炽一起审奏章，一起同审的还有另外几个世子。朱元璋让他们看过奏章后一一汇报其内容。朱高炽是第一个汇报的，他简明扼要地把奏章里的重点如实地汇报给朱元璋，朱元璋听后一言不发地重看了奏章，发现奏章里出现了许多文字谬误，就问朱高炽："为什么没发现那些错误？"朱高炽很诚恳地回答："那些小错误不值得我们再浪费时间去讨论。"朱高炽是聪明的，错误是难免的，然而纠结在错误上更加愚蠢。朱元璋越来越喜欢这个不张扬有智慧的孙子，于是很慈祥地问："尧的时候有大水灾，汤的时候有大旱灾，老百姓有什么依靠呢？"朱高炽不卑不亢地回答道："百姓靠的是当君王的圣人，圣人有体恤百姓的好政策。"如此见识，颇有帝王之气。

事实证明，朱高炽是一个史上难得的好皇帝，他推行的"停罢采买，平反冤滥，贡赋各随物资产，陂池与民同利"政策，很是顺应时事所求。他任用贤臣杨荣、杨士奇、杨溥三人；废除朱元璋与朱棣时许多残酷的刑罚，减免赋税。朱高炽还牢记祖母马皇后的遗愿，力主俭朴，注意节约。所以在明十三陵里，以朱高炽的献陵最为俭朴。朱高炽还积极地平反了其祖上统治时的冤案错案。社会环境渐渐安定，由此拉开了"仁宣之治"的序幕。

朱高炽一生喜静，好读书，对儒家思想有独到的见解。也

因为这个原因，他的身体越来越胖。加上脚有顽疾，所以并不受在马背上打天下的父亲朱棣的喜欢。朱棣在位的二十二年时间里，有一大部分时间都在南征北战，而后方的国事都是朱高炽在尽心尽力地打理，免去了朱棣的后顾之忧。早在靖难之役时，朱棣就带着朱高燧和朱高煦直捣南京，朱高炽留守北京，为朱棣挡住了李景隆的五十万大军，成功地守卫了朱棣的老巢。

不幸的是朱高炽在位不到一年就驾鹤西去了。至今，许多明史爱好者都对朱高炽的死因充满着好奇。因为史书上对朱高炽的死因记载不详，于是有了好多对于其死因的猜测。朱高炽真正的死因是什么？尚有待考证。

重臣三杨

仁宣之治时期起重要作用的三杨是指"东杨"——杨荣、"西杨"——杨士奇、"南杨"——杨溥。

"东杨"杨荣。建文二年（1400年）进士，此人非常识时务，当年朱棣发动靖难之役成功，杨荣是第一个出来迎附的。后来的杨荣很得朱棣的赏识，平步青云，与杨士奇、解缙等一起入值文渊阁，参与机务工作。杨荣也确有过人之能，每当朱棣为国事愁眉紧锁、闷闷不乐时，众臣都轻易不敢言语，只有杨荣敢在此时说话，并能一下子说到朱棣的心坎里去，让朱棣龙颜大悦。如果你认为杨荣完全是个溜须拍马之人，你就大错特错了。想想朱棣是何等厉害的角色？岂会容一个滥竽充数之人混在自己身边？

杨荣非常有才气，喜好诗词文赋，在当时和杨士奇、杨溥等多有诗词流行于世。由于"三杨"是台阁重臣，他们的诗风便直接影响了从永乐到万历年间的诗歌创作，这一创作在当时被称为"台阁体"。

"西杨"杨士奇。他不是科班出身，也就是说不是靠科举出来的，而是靠机遇。建文元年（1399年），明政府准备着手

为朱元璋写本书，名字暂定为《明太祖实录》，于是开始从社会上征集文人参加。杨士奇因学识出众，由方孝孺的至交王叔英引荐，以布衣身份进入翰林院。

杨士奇自幼丧父，随母入罗姓之家。继父对其并不好，还一心想让其改姓。如果不是其执意不改杨姓，恐怕早就姓罗了。杨士奇自幼勤奋好学、坚忍不拔、宽容严谨，之后其才能又被朱棣首肯，被任命为太子傅。

朱高炽这个太子因为朱棣的不喜爱，所以一直坐得不太安稳。而杨士奇一直力保朱高炽，但是他没有像解缙那样刚直，他采用的多是迂回的方法。每当朱棣相询的时候，他总是很有力地给朱高炽很高的评价。所以他比解缙幸运，在太子之争中，顺利地保全了自己又圆满地完成了朱高炽成为皇帝的心愿。

杨士奇最为突出的贡献表现在内政建设以及税收等方面，在当时的明朝，长江中下游一带是国家的税收中心，但是过于沉重的税收让百姓不堪重负，一时间成为明政府最为头疼的一件事，杨士奇对其进行了一系列财政改革，仁宗的一些宽民政策才得以实施。

朱高炽对自己这位师傅很是青睐，所以在其在位的日子里，杨士奇得以重用，成为内阁首辅，位次列于内阁其他同僚之上。

"南杨"杨溥。杨溥的仕途与前两杨相比，较为坎坷。他首先入阁做了太子洗马，教太子一些日常文理之事，初时并无多大建树，所以朱高炽对其一直很冷漠。后来又因立储风波被牵连入狱十年。然而杨溥虽然身在狱中，却读书不辍，以"朝闻道夕死可也"的精神维持着自身的意志与尊严。与前两杨相比，杨溥个性不明显，却绝对是一位值得称颂的正人君子。

可能是其一直不得重用的关系，不得志的杨溥为人很低调，每次上朝的时候都是走在人后，还老是循着墙而行，一副小心谨慎又唯唯诺诺的样子，此行为后来成为一种习惯，一直保持到杨溥做了内阁重臣之后，于是给人们留下了老于世故之感。其实诚如其行为一样，杨溥虽然在三杨中是最年轻的，其处世却是最老成的一个。

此三人从建文年间开始，历经了建文帝、明成祖、明仁宗、明宣宗一直到正统初年。英宗登基之后，因为其年龄小，内有张皇后垂帘听政，而宫中朝夕侍从内臣之事一切皆由三

杨辅佐。三人感情甚洽，朝堂之上以国家大事为己任，私下里多对酒言诗，十天之内必有小聚一次，相谈甚欢。至此，"三杨"构成了一个最为稳定又成效显著的政治"三角"。

你知道吗？

《玉堂丛语》

《玉堂丛语》卷七中有言："正统间，文贞（杨士奇）为西杨，文敏（杨荣）为东杨，因居第别之。文定（杨溥）郡望，每书南郡，世遂称南杨。西杨有相才，东杨有相业，南杨有相度。故论我朝贤相，必曰三杨。"

《玉堂丛语》作者焦竑，山东日照人，生于明世宗嘉靖十九年（1540年），卒于明神宗万历四十八年（1620年），是历经嘉靖、隆庆、万历三朝的著名思想家、文学家、史学家和考据学家。《玉堂丛语》这部书保存了不少有意义的真实史料。

守成之君的美中不足

◎ 宣宗的功与过

洪熙元年（1425年）五月，明仁宗去世后，其子朱瞻基即位，是为明朝的第五位皇帝——明宣宗。这位宣宗更是青出于蓝而胜于蓝。就像朱元璋喜欢朱高炽这个孙子一样，朱棣对这个孙子也是青睐有加。有史记载，朱棣也曾在立皇储时犹豫不定，因为他不太喜欢朱高炽这个儿子，朱棣尚武，而朱高炽是个出了名的胖子，别说习武了，就是平时走路也得有人搀扶才行，但朱高炽是长子，所以朱棣当时很犹豫要不要把皇位传给朱高炽，最后还是因为朱瞻基这个皇孙让他下定决心传位给朱高炽。

朱瞻基遗传了朱高炽的仁爱之心，他爱民如子。《明史》记载，朱瞻基在田间遇到一位耕田的农民，出于好奇，朱瞻基拿起农民手里的锄头，试着在地里劳动，没锄两下，双肩就受不了了，原来看似普通的劳作，确实不是件轻松的事情。他感慨地对随从诸臣说道："朕只锄了几下，就觉得很累。老百姓一年到头劳作不休，辛苦就更可想而知了！"朱瞻基随后减免了农民的税收，保证百姓有所耕有所收。

然而，朱瞻基也有犯错的时候。

明成祖朱棣在世时，安南国因统治者死亡又没有即位之人，上下一片混乱。于是成祖派大将张辅率兵前去平叛，平叛成功之后又在安南正式建衙，派人管理，成祖的意图很明显，他要据安南为大明的天下。然而到了宣宗时期，安南国内战事不断，而之前明朝安排的军队常常遭到本地人的袭击。宣宗又烦其劳民伤财，决定撤出自己的部队，并与安南议和。虽然在当时看来，此举既安民养息，又节省了财力和人力，可是后来，此举却引起了争议。宣宗的仁爱之心是不是让中国丢失了原本可以属于自己的领地？

宣宗任命已经七十多岁高龄的郑和第七次下西洋，而这次郑和之行后，宣宗取消了下西洋的决定。后来，宣宗只与永乐帝时期定期前来纳贡的南亚和东南亚诸国保持例行的接触，在维持这些关系的同时，宣宗还下令中国人不准出海到国外定居或经商。其目的是加强沿海的治安，使之不受海盗的骚扰，并保持一切对外贸易的官方垄断。这项决定严重地影响了国家海军的建制，削弱了明朝的沿海防御能力，从而间接地促成了日本海盗在下一个世纪对中国进一步的掠夺。另外，明朝从印度洋和南洋的撤退切断了中国与世界其他地方的联系，而此时的欧洲列强正开始进入印度洋。宣宗统治时期中国在欧洲水域的统治地位结束，也是明朝孤立于国际事务的开始。

宣宗也不长寿，于宣德十年（1435年）一月三十一日因染病意外死去。其在位只有十年，此十年间，没有外来的或内部的危机，朝野没有党派之争，百姓生活安定，经济稳步发展，此时期被认定为明朝的黄金时期。

◎ 宣宗与"投壶"

因为现世安稳，宣宗的生活就很安逸。有了安逸的生活，那么锦上添花的事就更多了。宣宗喜欢玩乐，比如书法、促织、诗词等。后来，宣宗又喜欢上了一种游戏——投壶。

《礼记》中记载了"投壶"的玩法。简单来说，即是将箭投抛至酒壶内。起先是半礼仪活动，后来，这种活动在宴会上得到了推广，变成了一种体育娱乐活动。

由于投壶不需耗费太多的体能，在上层贵族间颇为流行。

与唐朝皇帝喜欢马球、宋朝皇帝崇尚武术相比，明朝不少皇帝在体育方面并无太多的特长，总体来说不明显，但玩投壶却是他们的一大喜好。

明宣宗朱瞻基便是投壶的高手，技术超人，因此被画家的眼睛捕捉到了，《明宣宗行乐图》中，便留下了朱瞻基投壶的身影。

你知道吗？

《明宣宗行乐图》

《明宣宗行乐图》是明代中早期传世宫廷绘画中最为难得一见的堂皇巨作。此图描绘了明宣宗朱瞻基在御园观赏各种体育竞技表演的场面。画面上从右至左依次为射箭、蹴鞠、马球、捶丸、投壶，场面宏大繁复而又具体入微，生动地表现了当时宫中的文体娱乐活动场景。由于要反映特定的地点和环境，所以描绘了大量的建筑。此卷以工整、细腻的写实手法按照历史真实的原貌对明代皇宫的楼台殿阁做了既真实又概括地描绘，是研究明代宫廷历史以及皇家建筑的重要史料。

土木堡之变

话说瓦剌一直朝贡大明朝。之前是因为打不过朱棣的军队，不得不臣服。到了英宗时期，王振当权，瓦剌人与王振有了秘而不宣的勾结，他们联手走私"军火"。而王振为了长远地发展这一合作伙伴不惜重赏瓦剌的朝贡者，来笼络人心。

每次瓦剌进贡时，王振就按人头加以重赏。瓦剌人吃到甜头，上报进贡的人数越来越多，由初时的几十人一下子增加到三千多人，这一下惹恼了王振，瓦剌此后再来进贡时，明朝就减少赏赐。

此时，也先是瓦剌的首领。也先是个野心勃勃的家伙，对大明早已有侵犯之心，一直苦于没有借口。终于，明朝的减赏让其找到了充分的理由。他立即发兵攻打山西大同，打得明朝的守军节节败退，紧急军情很快传到了北京。

本来，这点小事派个将军就可以应付了。谁知道，王振突发奇想，竟然蛊惑朱祁镇御驾亲征。王振很会说话，把瓦剌说得是不堪一击，说此举可以效仿当年的明成祖名留青史，反正是一大堆有万利而无一害的好事。说得朱祁镇是热血沸腾，荒

唐地答应了要亲自出征。

当然，事后人们都能看出王振的别有用心。原来，这一战离王振的家乡很近，王振就起了私心：如果有皇帝陪着自己回到家乡，再加上声势浩大的军队，他在家乡可以算是出尽了风头。

于是，1449年，朱祁镇和王振带着五十万临时拼凑起来的队伍出发了。出发前只把北京交给弟弟朱祁钰留守，也不管敌情如何，也不商量作战方略，甚至连五十万大军的粮草都没准备好就急急地出发了。两个一直长在深宫里不懂战争的人一定是把此行当作旅游了。

当大军扎营安寨准备生火做饭时，才知道没有一点儿粮食。顿时，军内一片大乱。为了安抚将士，王振不得不派人到地方上去筹措军粮，才平了军内的纷乱。

明军与瓦剌军一交手，就损失了三万骑兵。朱祁镇一听，立即有了撤退之意。然而一直打着小算盘的王振执意要让朱祁镇在回京的路上拐到自己的家乡看看。对王振言听计从的朱祁镇也答应了王振的请求。

大军走到一半，王振忽然想到这么一大批人要是跟着自己到了家乡，一定会踏毁无数庄稼。于是，王振再一次改变明军的路线。但万万没想到，他这一改变路线耽误了行程，让也先的军队追了上来，双方又开始了激烈的厮杀。疲于奔命的明军被对方杀了个措手不及，节节败退。王振带着朱祁镇逃到土木堡时被敌军追赶上来，朱祁镇被擒。王振则被愤恨的明军士兵

所杀。

两万人的军队打败了五十万的大军，估计这个悲惨的结果是英宗万万没有料想到的。然而这绝非偶然，造成其局面的原因有很多种，无一不说明土木堡兵败的必然。

第一，宦官弄权。大明军队作战目标不明确。王振这个大宦官一直把持着统帅军队的大权，英宗皇帝不闻不问，凡事唯王振的决定行之；五十万大军随意出征，从其进军路线上来说：北京—怀来—宣府—大同—紫荆关—宣府—土木堡，从未能主动出击过，一路被动挨打。

第二，指挥者不懂军事，不听劝诫。部队的作战不仅仅是杀敌，还有后勤等诸多方面，但王振这个实际上的大军统帅居然不懂这个道理，甚至对于最基本的排兵布阵、军事策略都

一无所知，从大军出征到全军覆没，实在是看不出任何作战技巧，这又何谈胜利呢？

第三，经过明英宗的十多年糟糕统治，软弱的军队、腐败的朝政、疲敝的经济，大明将士早无作战之心。

粉骨碎身浑不怕的于谦

◎ 北京保卫战

一些人似乎就是这样,不鸣则已,一鸣惊人——于谦就是如此。

于谦是永乐十九年(1421年)的进士,也就是说朱棣时,于谦已在朝为官了。那时的于谦也就是一名默默无闻的小吏。宣宗即位后,已经开始对其有了赏识。汉王朱高煦在乐安州起兵谋反,宣宗亲征的队伍里就有于谦。宣宗对于谦很是喜欢,还越级提拔其为兵部右侍郎。于谦在职十九年,为官兢兢业业,一心为民。虽然为自己赢得了威望,但仅这样却不足以让其留名青史。

真正让于谦名垂青史的就是那场北京保卫战。

话说,土木堡之变的消息传来,满朝震惊。当时京城只有弱兵数万,形势危急。那是怎样的非常时期?一国无君,兵临城下,满朝大臣人心惶惶,大明朝命悬一线,何去何从成了满朝文武关心的问题。群臣分成两派,一是求和派,主张向也先低头,妥协求全;另一派是以于谦为首的不妥协、不求和的强硬派。

求和派力主签城下之约,以此换回英宗;强硬派则是誓死

不签城下之约，认为一切应以社稷为重。为此，双方展开了激烈的争论。

求和派里有个叫徐珵的，竟然还假模假样地说自己夜观星象，应当迁都南京。此言一出，立即遭到了于谦的强烈反对。于谦最后断然地宣布，如果谁用南迁来妖言惑众，斩立决。那个要求南迁的徐珵本就是贪生怕死之辈，一听此话再不敢多言。本来，在朝的大臣谁不知道北京是国家的根本，一丢弃，国家大计就完了。

之后，于谦临危受命，开始了北京保卫战的筹备。于谦与当时还是郕王的朱祁钰一起协调南北两京、河南的备操军，山东和南京沿海的备倭军，江北和北京所属各府的运粮军，马上开赴京师，力保北京。然后调动朝野的所有力量把通州粮草急速运往京城。于谦就是要准备好一切，等着也先来犯。

当也先挟着英宗来时，北京城已经像铁桶一样坚固了。这一战打了十多日，打得天昏地暗，也打得也先逃回了瓦剌老家。可以说于谦临危受命，挽救了岌岌可危的大明朝。

◎ 救世宰相

于谦从小就聪明伶俐，喜读书，爱诗词。十七岁那年就写下《石灰吟》："千锤万凿出深山，烈火焚烧若等闲。粉骨碎身浑不怕，要留清白在人间。"于谦在这首咏物诗里阐述了自己的人生观——要留清白在人间。

冥冥之中似有安排，这首《石灰吟》成了于谦一生的写照。其实，刚正不阿的他一直以这首年少时作的诗来鞭策自己的言行。当年王振执政时，朝堂内外无不阿谀奉承，唯有于谦我行我素，从不与王振有任何瓜葛。朝中有人善意地劝于谦哪怕是送些家乡的特产，也应适当应付一下王振。于谦挥了挥自己宽宽的衣袖，对此人说："我于谦只有两袖清风。"还特意写诗《入京》以明志："绢帕蘑菇与线香，本资民用反为殃。清风两袖朝天去，免得闾阎话短长！"之后，两袖清风之词被宣传开来，后人用此来形容清官的廉洁。

北京保卫战之后，为了明朝的社稷，于谦力保郕王做了皇帝。之后为平臣怒，杀了王振的同党，开展了一系列改革，为

天下百姓祈福。如此大功大德，在皇帝论功行赏时，于谦却推了奖赏。他深知国家还是多难的时候，还有更多的事情等着他去做，现在就贪图享受还太早。

于谦一心为国，常常连着几个月不回家。他尽心尽力地处理政务，却没想到英宗复辟成功后，第一个要杀的就是他。

于谦因为看不起懦弱无能者，常出言不逊地呵斥他们。其中就有一个叫徐有贞的。这个徐有贞其实就是土木堡之变后力挺南迁的那个徐珵，就因为那次南迁，这个家伙颜面尽失，竟然改了个名字出来混。徐珵后来与反于谦的同盟结合在一起，策划了南宫复辟。

另一个要说的是石亨。石亨身居要职，在军事领导上仅次于于谦这个兵部尚书。原本石亨对于谦应该是感恩的，可惜有一件事，于谦得罪了他。石亨在北京保卫战立下了汗马功劳，可惜的是此人小肚鸡肠。其为了报恩，曾向皇帝推荐了于谦的儿子于冕。谁知道于谦听说了此事，不仅不感恩，反倒在朝堂之上大声地斥责了石亨，说其作为一名武将，不提拔骁勇善战的将士，竟然提拔一个文弱书生，怎么能树立起自己的威信。这一顿呵斥，得罪了石亨，于是石亨联络徐有贞，又找了王振的旧党太监曹吉祥等一起上演了南宫复辟。

朱祁镇复辟后，听信石亨、曹吉祥等人的谗言，杀了于谦，并抄了于家。然而抄家之后让其大跌眼镜的是，于家连个值钱的东西都没有，打开关锁甚固的正室看时，里面除去御赐的蟒衣、剑器，别无他物。朱祁镇也为错杀了于谦而后悔不已。

历史脉络图

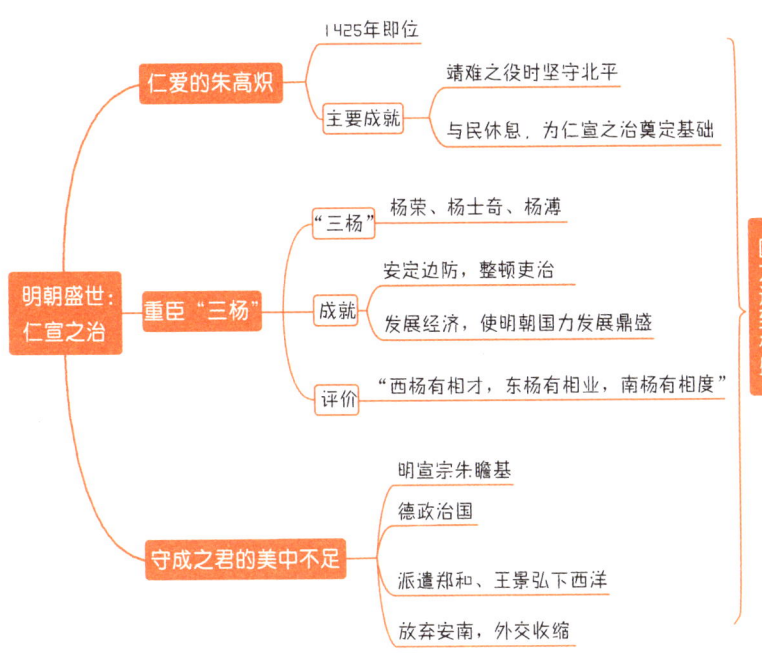

```
                              ┌── 1425年即位
              ┌─仁爱的朱高炽─┤                ┌─ 靖难之役时坚守北平
              │              └─主要成就──────┤
              │                              └─ 与民休息，为仁宣之治奠定基础
              │
              │                ┌─"三杨"── 杨荣、杨士奇、杨溥
              │                │
              │                │           ┌─ 安定边防，整顿吏治
明朝盛世：─────┼─重臣"三杨"───┼─成就─────┤
仁宣之治      │                │           └─ 发展经济，使明朝国力发展鼎盛
              │                │
              │                └─评价── "西杨有相才，东杨有相业，南杨有相度"
              │
              │                          ┌─ 明宣宗朱瞻基
              │                          │
              │                          ├─ 德政治国
              └─守成之君的美中不足──────┤
                                         ├─ 派遣郑和、王景弘下西洋
                                         │
                                         └─ 放弃安南，外交收缩
```

→ 国力达到极盛

第四章
做明朝的皇帝实属不易

在夹缝中生存的明孝宗

◎ "我"只是一粒种子

朱见深追赶着自己的爱妃万贞儿离去后,把江山传给了那个一直隐藏了六年才与其相认的儿子朱祐樘。

朱祐樘的人生可以从他六岁后开始说,六岁前他一直与母亲躲在一个与世隔绝的地方,虽然吃喝不愁,但是每天过得像个过街的老鼠,提心吊胆,因为母亲说,外面有个叫万贵妃的,凶狠无常,专门吃人玩。于是他与母亲都小心翼翼,生怕那个万贵妃有一天知道自己的存在。

那一天六岁的朱祐樘被一个陌生的男人搂在怀里痛哭,他不知道眼前的这个男人为何痛哭,他只知道那时自己也流泪了,流泪的原因是,他离开六年不曾分离一步的母亲身边好半天了,他想母亲了。

出门前,母亲是含着泪水抱了又抱,临别时,母亲抚摸着他的脸说:你见到的那个穿着黄色的龙袍,脸上有着长长胡须的男人,就是你的父亲。

朱祐樘对父亲这个词没有概念,他从小只知有母,不知有父，母亲每天与他读书论道，他已经习惯了与母亲相守的日子，忽然晴天霹雳，竟然冒出了一个父亲来。

有父亲是有父亲了，可是为什么不和自己的母亲在一起？这些朦朦胧胧的事情一直缠绕着他，他想尽快离开好回去问母亲，以求母亲能解开自己心中的谜团。

六岁的小祐樘跌跌撞撞地跑回与母亲居住的地方，他急不可待地人还没有进门就一声接着一声地叫着"母亲"了，可惜等待他的却是一场人间惨剧，母亲上吊死了。

再次出现在他身边的女人是自己称为祖母的皇太后。祖母倒也慈祥，经常紧紧地把他抱在怀里，那样子就像怕一失手，他就会消失不见了一样。

那天，他见到了人人畏之如虎的万贵妃，和自己想象中张牙舞爪的样子完全不一样，她爽朗的笑声和和蔼的笑容，让小祐樘觉得她是个美丽的女人，倒是祖母看到万贵妃来时，抱着他的手更紧了，间或竟然还有轻轻地颤抖。他记得那天，万贵妃一直在祖母的面前夸自己如何可爱，如何招人喜欢。祖母只是随声附和，他坐在祖母的身上太久了，腿都有些麻了，他试图挣扎了一下想让祖母放自己下来玩一会儿，可是祖母的手像个钳子一样，紧紧地抱住他不放。最后，万贵妃开始央求祖母，她要带可爱的小祐樘去自己的宫里玩。祖母深知万贵妃平时的所作所为，无奈朱见深太过宠爱她，连自己这个皇太后的话也不放在心里，所以对于万贵妃她也无能为力，所能做到的就是在自己的能力下保护好皇家血脉。

可是对于万贵妃的请求,皇太后却不能拒绝。临走前小祐樘被祖母悄悄地拉进后厅交代:"你去玩一会儿就说想皇奶奶了,能尽快回来就尽快回来。还有,记得她无论给你什么东西,都不要吃,记住了吗?"祖母千叮咛、万嘱咐,小祐樘不解地问了一句:"为什么不可以吃呢?"

祖母看了看外面,压低声音说:"怕有毒。"好吧,这句话,小祐樘记住了。

于是后来,万贵妃给小祐樘吃点心,小祐樘说有毒;万贵妃给小祐樘吃水果,小祐樘说有毒。

就是这句"有毒"让万贵妃哭着要求朱见深换掉小祐樘这个太子,对万贵妃从来三千宠爱集一身的朱见深当然是一口答应了。朱祐樘那一年就因为这两个字,被废除了太子之位。虽

是皇上的儿子，却像长在夹缝里的小草。你说废就废吧，小祐樘也无所谓。他本来就弱势，在宫里不要成为别人的眼中钉就可以了，所以只求能生存下去的他对什么都看得很淡。

不容置疑，你要是做帝王的命，那么再怎么坎坷，那个帝王之位终究还是你的。

朱见深废了朱祐樘的太子之位后，山东泰山那边竟然接连发生了几次大地震。有官员就把两件事联系到一起。泰山一直暗喻为天子，人们纷纷上朝禀报，希望能让太子复位。朱见深也觉得朱祐樘没有什么大错，又一向笃信佛教的他这次不得不考虑让太子复位了。

九岁，朱祐樘开始接受正规的儒家教育，对他进行教育的老师都是当时学养深厚之士，如彭华、刘健、程敏政等人。从九岁到十八岁即位，朱祐樘接受了非常严格的教育。所以，年轻的朱祐樘既拥有渊博的学识和良好的个人修养，又具有广泛的爱好和兴趣，尤其是喜欢诗歌、绘画、弹琴等，并且在这些方面的造诣颇深。

少年时的特殊经历促使朱祐樘成为一代明君，在他执政的时期，无专权，无外患，无弊政。晚明学者朱国桢就说："三代以下，称贤主者，汉文帝、宋仁宗与我明之孝宗皇帝。"认为朱祐樘是夏、商、周三代以后，与汉文帝、宋仁宗相比肩的贤主。

是的，这粒曾经流离失所的种子终于长成了参天大树。

◎ 以德报怨

朱祐樘做了皇帝之后，是为明孝宗。朝里的一些大臣就联名上书，要治万贵妃为祸后宫之罪，这原本是人之常情，一治当年为非作歹万氏之罪，二替皇上朱祐樘报杀母之仇。大家纷纷要求对万家满门抄斩，报仇雪恨。

朱祐樘倒是抄了万贵妃弟弟万喜的家，所抄物品全部充入国库。但他没有斩杀一人，只是把万喜关入大牢。大臣们均觉得不解恨，于是又纷纷上书，请求严惩万喜，朱祐樘写下批文："此事到此为止。"

他自小的经历，加上多年的饱读诗书，怎么会不知道宫闱之内岂无祸乱，而母亲只不过是宫闱里众多牺牲者中的一个。逝者如斯，一切都回不去了，不如打理好眼前的大明江山更重要。

放荡不羁的武宗

明孝宗并不长寿，三十六岁那年因为偶感风寒，本来也就是个头疼脑热的小事，谁知道在服了一剂太医开过的药方之后，竟然流鼻血而亡。可叹呀，天妒英才。如果明孝宗能够再活三十年，那么大明江山有可能就是另一番模样了，但历史永远没有如果。

孝宗去世后，武宗就登上了皇位。武宗这个皇帝来得名正言顺，而且除此之外没人可与他相争，因为朱祐樘只有这么一个嫡子朱厚照，皇位不传他传谁？

朱厚照"粹质比冰玉，神采焕发"，不错，这是个玉树临风，相貌堂堂的帝王。

朱厚照一直是朱祐樘的希望所在，从名字就能感觉出来，朱祐樘当时起这个名字时就是希望他能成为一代明君，光辉可以照耀后世。

朱厚照年少时也确实显现了一些帝王的风范。这位以聪明让人称颂的皇太子在八岁时就开始接受正规的儒家教育。他读书勤奋又过目不忘。所有人都认为，朱厚照也会像朱祐樘一样成为贤明的君王。

但事与愿违，或许是皇位来得太容易了，没有什么挑战

性，做了皇帝之后的朱厚照对于江山社稷并没有多大的兴趣，他更多的兴趣是养个豹子玩玩，再出去骚扰下良家妇女。

朱厚照还有一个爱好，喜欢在夜深人静之时带着自己的一队人马，在空荡的街道上闲逛。看见高墙大院的富庶之家，他就令亲兵上前砸门，然后强抢民女。一时之间弄得人心惶惶，京城人家家无宁日。你说大明江山怎么能指望上这位荒唐的皇帝呢？

朱厚照虽有着放荡不羁的本性，但他在内心里却一直希望自己也能够像明太祖、明成祖那样立下显赫的战功。

机会终于来了。蒙古人叩关来袭，如果换任何一个皇帝，都会认为这是让人头痛的外患，然而这事发生在朱厚照身上就不一样了。

于是，朱厚照开始了人生的第一个极具挑战性的游戏——亲征。还别说，这位武宗皇帝还真是一个带兵打仗的主。这场战斗十分激烈，明军一度被蒙古军分割包围。朱厚照见状亲自率领军队援救，才使明军解围。双方大小百余战，期间朱厚照与普通士兵同吃同住，甚至还亲手杀敌，极大地鼓舞了明军士气。明军取得了一场难得的胜利，史上称此次战役为"应州大捷"。

在这场战斗中，朱厚照高瞻远瞩，布置战术，指挥得法，体现了较高的军事指挥才能。此次战役，成为朱厚照一生中最为光彩的时刻。如果朱厚照是一个将军的话，那么他一定是个出色的将军，可惜他是一代君王。

史书记载，正德十五年（1520年），朱厚照在南巡途中垂钓，不慎落水受寒，次年病死于豹房。

明朝的文学巨作

◎ 文人的执着

当年,明太祖朱元璋是个特别重视教育的皇帝。他的戎马生涯一结束,就在京都设立了国子监,下令九品以上官员的子弟及民间通文义的少年俊秀到国子学堂当学生。天下平定后,太祖诏令恢复科考制度,择优录取。为了鼓励这些考生,当时的马皇后还下令吃住由国家供给,另外还捎带着养起了这些考生们的妻子,以免其分神。看看,如此体恤的环境下,想不出读书人都不行。于是这一时期出现了许多有成就的文人,他们不但有治理国家的才能,还有救世的本事。比如于谦、张居正、解缙、杨慎、海瑞等,他们刚正不阿、一身正骨,为大明的江山社稷鞠躬尽瘁。

在当时的大明朝,宣扬的是正统的诗文,于是像小说、戏剧等在当时是不能登大雅之堂的,但是在当时就广为流传的四本小说——《三国演义》《水浒传》《西游记》和《金瓶梅》,被人们称为明朝的四大名著。

《水浒传》的作者施耐庵,与刘伯温是同榜进士。他自

幼才气过人，为人义气，从《水浒传》的文风里就能看出施耐庵的豪气。他曾在元朝为官三年，因不满元政府以及官场的黑暗，又不愿逢迎权贵，所以干脆弃官回乡。也是其豪气成就了他的写作生涯，他与罗贯中两人亦师亦友，有传闻说《水浒传》之续书是罗贯中所写。

《三国演义》的作者罗贯中生于元末明初，作为与"倡优""妓艺"为伍的戏曲平话作家，当时被视为勾栏瓦舍的"下九流"。说起罗贯中就要提起一个人，就是当年已经称王一方后来被朱元璋所灭的张士诚。罗张二人都对当时写下《水浒传》的施耐庵颇为景仰，于是双双拜其为师。可以说罗贯中受施耐庵影响很深，其作品《三国演义》也是在施耐庵《水浒传》的影响下完成的。现在谁都知道罗贯中是中国文学史上最杰出的作家之一，再也不是彼时的"下九流"，其作品《三国演义》更是家喻户晓。

《西游记》的作者吴承恩也曾有过做官的经历，和施耐庵一样因官场黑暗而弃官从文。吴承恩自小就喜欢鬼怪故事，于是创作了此书，但是因为书中有一段唐僧师徒取经路过车迟国，国王喜道教，找来三妖怪炼丹的故事，因当时明朝的皇帝有着与此相似的经历，于是此书在明朝被认作禁书，但依然阻挡不了人们对该书的喜爱。

◎ 见义勇为的施耐庵

施耐庵豪爽的性格与他在小说里塑造的人物一样。有一年元宵节，施耐庵上街观花灯，就遇到一件不平之事——看到一个恶少在街上侮辱一名女子。他怒火顿起，用右手将那家伙提起，将他摔在地上。恶少一看施耐庵人高马大，手上又有几分功夫，吓得连连磕头求饶，施耐庵这才饶了他。谁知第二天，那家伙纠集了七八个无赖前来报复。施耐庵不慌不忙地找来一根粗绳，让无赖们用绳子拴住他的双腿，然后叫他们用力拉。可是，他们一个个累得脸红脖子粗，施耐庵的双脚却像生了根一样，纹丝不动。接着，他取出铁棒，一记"乌龙摆尾"，便将身旁的一棵大杨树"咔嚓"一声打断。无赖们见他有如此功力，才知道是遇上了高手，个个叩头认输了。后来，施耐庵在写《水浒传》时，还将这段亲身经历融进鲁智深在大相国寺降伏众泼皮的情节中去了。

文品有时就是人品，看文知人古来有之。

历史脉络图

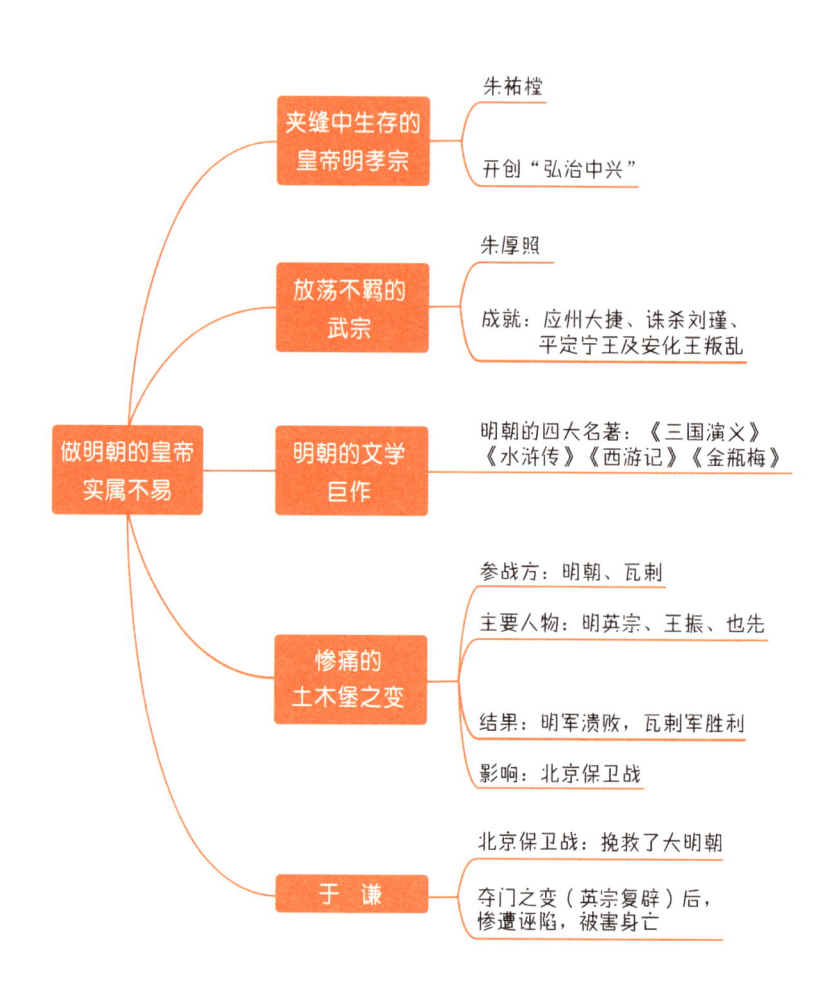

- **做明朝的皇帝实属不易**
  - **夹缝中生存的皇帝明孝宗**
    - 朱祐樘
    - 开创"弘治中兴"
  - **放荡不羁的武宗**
    - 朱厚照
    - 成就：应州大捷、诛杀刘瑾、平定宁王及安化王叛乱
  - **明朝的文学巨作**
    - 明朝的四大名著：《三国演义》《水浒传》《西游记》《金瓶梅》
  - **惨痛的土木堡之变**
    - 参战方：明朝、瓦剌
    - 主要人物：明英宗、王振、也先
    - 结果：明军溃败，瓦剌军胜利
    - 影响：北京保卫战
  - **于谦**
    - 北京保卫战：挽救了大明朝
    - 夺门之变（英宗复辟）后，惨遭诬陷，被害身亡

第五章
明朝末期的纷乱与衰亡

大礼议之争——言官制度的真真假假

说起大礼议就得说说朱祐樘那个不孝的儿子朱厚照,他是明朝第一个死了之后没人接班的皇帝。

可是,人都死了,总不能揪出来暴打一顿吧!燃眉之急是先拉个人来坐皇位,皇位要是空久了,指不定会出啥事呢。到哪找?皇亲里吧!就从朱厚照的堂兄堂弟里找,并且血缘不能太远。群臣和张皇后扳着指头算来算去也就是兴献王朱祐杬长子朱厚熜还勉强合适。

话说,朱厚熜一听说让自己去京城做皇帝,乐得快马加鞭就来了。这一年他十五岁,第一次来北京,不得不感慨,北京真大呀!但是很快就有一件事让他很扫兴。原来,他站在紫禁城外准备进宫时,张太后和大臣们竟然安排他从东安门进宫。他一听就不愿意了,他是来京做皇帝的,怎么走东安门呢?皇帝要走的是大明门。于是,他死活不进宫。一个十五岁的孩子竟然有此执着的本性,让张皇后大吃一惊,但只觉得是小孩子的任性吧,于是也没在意,却不曾想,就是朱厚熜这个认死理的犟脾气让她与大臣们一路设想好的计划全泡汤了。

结果,这场争执以张皇后和朝臣的妥协而告终。朱厚熜高

第五章 明朝末期的纷乱与衰亡

高兴兴地坐上了皇位，是为明世宗。朱厚熜是高兴了，张皇后和大臣们不乐意了。当初让朱厚熜这小子走东安门入宫是有原因的。东安门是皇子们所走的路线。大臣们就是想让朱厚熜以皇子的身份入朝，让朱厚熜认朱祐樘为皇考，这样的话，朱祐樘的香火也算能继续下去。大臣们是念旧情，对九泉之下朱祐樘这位慈善又贤德的前任皇帝也好有个交代，但人家朱厚熜可不这样想。

朱厚熜对这些旧臣们不是很信任，又不希望自己以过继的形式继承大业。偏偏这些大臣三番五次地上朝说过继，说认皇考。他是不胜其烦，我有爹有娘，为什么要认别人为皇考，我还要追封我爹做太上皇呢！他这想法一出，满朝震惊。群臣原以为他就是个十五岁的小孩子，是个软柿子，却不想拿到手里的是块硬石头。

硬石头也得碰碰，尊崇先师孔子礼教的大臣们是空前的团结，一致把矛头对准刚刚坐上皇位的朱厚熜，反对的奏折是一封封如雪片一样压在朱厚熜这个弱小的枝头上。朱厚熜渐渐不堪重负了，就在他思索着应不应该让步时，一个人出现了。此人名叫张璁，也不知道是啥原因，他觉得自己要站在皇帝这一边，于是他写了一篇文章为嘉靖皇帝追封自己的父母找了许多理论依据，而且引经据典驳斥了群臣的观点，嘉靖皇帝看后深受鼓舞，张璁也得以加官晋爵，成为议礼派的首领。

好了，从现在开始、朱厚熜不是孤军奋战了，于是两派就开战了。有了支持者，朱厚熜看时机到了就立自己的父亲兴献王为兴献帝，祖母宪宗贵妃邵氏为皇太后，母妃为兴献后。哪曾想，不久之后，紫禁城的清宁宫后殿发生了火灾。群臣再次上表，说是因为皇帝不尊重先皇，看看老天就惩罚了吧！还别说，朱厚熜这次一下就改了，改立朱祐樘为皇考了。原来，这个朱厚熜对鬼神一向特别迷信。

可是没过多久，朱厚熜一看啥事没有，于是又改立自己的父亲为兴献帝。群臣一下子就沸腾了，皇帝怎么像小孩子，出尔反尔，还有完没完了？其实皇帝本来就是小孩子，还是私心特别重的那种，自己惦记的事情，必须得办好了，要不就睡不着觉。

群臣准备搞个活动，以示对皇权的抵抗。于是，包括九卿二十三人，翰林二十人，给事中二十一人，御使三十人等共二百余人的庞大队伍，集体跪在左顺门外，要求皇帝改立朱祐

第五章　明朝末期的纷乱与衰亡

> **你知道吗？**
>
> ### 《永乐大典》
>
> 嘉靖三十六年（1557年），宫中发生了一次火灾，火势凶猛，危及文楼。此事让嘉靖帝大为恐慌，倒不是因为怕上天的惩罚，而是因为文楼里那套永乐年间主编的《永乐大典》。《明实录》等文献中记载：《永乐大典》是嘉靖帝朱厚熜爱不释手的珍品。他登基以来，时常翻阅大典，作为自己必备的参考宝典，并时常在朝廷上引用。大火发生时，嘉靖帝首先想到的就是抢救宝典，一夜下谕四次，由此不难想象宝典在其心中的位置。大火一灭，嘉靖帝怕事故再发毁了宝典，于是下令开始重录，就是再抄一份，以备后患。1562年，宝典开始重录，历时六年方告完成。重录的宝典与前宝典格式、装帧完全一致。遗憾的是明亡后，宝典下落不明。

樘为皇考。为了镇压此次大臣们的活动，朱厚熜下令把为首的几个大臣抓了起来，跪在那儿的其他人不愿意了，于是哭声骂声此起彼伏。朱厚熜见此，杀心顿起，哼！我一个堂堂天子，还不能自己决定自己的家事了，你们这帮腐朽之人竟然犯上作乱？于是将在场的一百多人全部治罪，关的关，打的打，杀的杀，在左顺门上演了一场血与泪的风波。

至此，这场以入继为名的"大礼议"以血的教训结束。嘉靖皇帝朱厚熜终于如愿地将自己的父亲追尊为睿宗，并将神主放入太庙，跻在武宗朱厚照之上。

此次"大礼议"之争后，许多正直的大臣或死或隐退，佞臣趁机窃取了朝政大权，弊政重兴。通过这件事，嘉靖皇帝不仅实现了追封自己父亲为皇帝的愿望，而且开始了他的专制统治。

敢骂皇帝的大清官海瑞

嘉靖帝每天在后宫忙活着自己的修炼之道，生活正过得有滋有味时，却有个人上了个奏折，大骂"嘉靖嘉靖，家家干净。"嘉靖一看是怒发冲冠呀！谁这么大胆，竟然敢骂皇帝？于是他愤怒地把奏折扔在地上，对身边的宦官说："去把这个人给我抓起来，千万不能让他跑了。"

宦官可没皇帝那么急躁，一边捡奏折一边对嘉靖说："皇上放心，这个人跑不了，他早就买好了棺材，把家人都疏散了，他就在家中等着皇上赐死呢。"

皇上一听愣了，这人有神经病吗？别人明哲保身还来不及，他竟然送上门来找死？他想做什么？嘉靖帝虽然昏庸，却还是有点思维能力的。再说他也想看看这个人为什么这样做。

这个人是谁呢？此人就是与包青天有着同样称号的大名鼎鼎的"海青天"海瑞。此时的海瑞只是个户部主事，这个职务在当时也就是个五品小官，也就是管理一些土地之类的琐事。可是就是这个管理土地的小官硬是看不惯嘉靖帝不理朝政，每天招惹些妖道，把后宫弄得乌烟瘴气。于是上书痛骂皇上，可是海瑞的这种骂更像是一个儿子在告诫自己的父亲，就像一个

家庭成员在劝告一家之主一样，做法如此大胆，海瑞算是第一人。嘉靖帝总算是耐下心思、强压下愤怒把折子看完了，看完之后，他觉得海瑞倒有几分见地，但是对海瑞骂自己又无法释怀，不杀他不足以解恨。

嘉靖要杀海瑞，有人不愿意，并且是有很多人不愿意。这个海瑞从基层一路走来，做事果断，执法严明，不畏强权，一心为公，完完全全是一个好官，又得到百姓的爱戴。于是以首辅徐阶为代表的群臣们力保海瑞。

嘉靖是恼呀，杀又杀不得，不杀又不足以解恨，怎么办？先收押在牢吧！以后找个理由再杀吧！估计当时嘉靖帝就是这样计划的。计划永远赶不上变化。

海瑞就待在牢里等着嘉靖帝来杀自己，谁知道这时有一个更厉害的人物救了他。这人是谁呢？比皇上还厉害？肯定比皇上厉害了，就是人人都知道的"老天爷"。就在海瑞在牢里等死时，一个消息传来了，嘉靖帝驾崩了。一个想杀自己的人死了，而新皇帝早就对老皇帝在世时的所为看不惯了，杀妖道，放功臣，一夜之间，天地换新颜。

海瑞出狱后，有着徐阶的力保，官运一路畅通，升为大理寺丞。他一如既往，惩治贪官，打击豪强，疏通河道，修筑水利工程，成为一名名副其实的好官、清官。

海瑞的一生受其母亲影响很深。海瑞之母堪比孟母，一生都在严格要求自己的儿子，读《孝经》《尚书》《中庸》等圣贤书，很好地为海瑞树立儒家正确的道德观和价值观。然而，也是因为海瑞母亲的关系，海瑞在童年就被剥夺了儿童玩乐的权力，所以后来的海瑞总是一副古板的样子，更不会与人沟通。这样的情形还影响海瑞的家庭生活，海瑞一生娶了三个妻子，有两个妻子不明原因死亡，一个被休出门。可以说海瑞连个正常的家庭都保证不了，更别说幸福了。

无论如何，海瑞一生为官清廉，刚直不阿，深得民众的尊敬与爱戴。所以在海瑞去世的消息传出来后，商者罢市、农者不耕，纷纷为海瑞之死悲痛欲绝，可见当时海瑞在人们心中的重要位置。

一代奸相——严嵩

◎ 严嵩专政

朱厚熜每天忙着烧香和沉溺女色，朝政基本上是不理了。那么朝中政事谁决定呢？朝臣中专政时间最长的就是被称作一代奸相的严嵩。

当然，这个严嵩也不是吃干饭的，想想明朝的科举制度多厉害？严嵩正是科举出来的，是弘治十八年（1505年）的进士。严嵩读书读得是相当好，并且后来知道朱厚熜喜欢青词，本来就有好文采的他又写出了许多让皇帝心花怒放的青词，一时被称为"青词丞相"。此外，严嵩书法也不错，字写得着实漂亮，只可惜中国的名人最忌讳此人的名声，如果严嵩是一代忠臣，那么其书法一定广为流传了。除了这些，严嵩还长了一张巧嘴，溜须拍马很是到位，后人称其是口蜜腹剑。

严嵩刚入朝就听说礼部尚书夏言也是江西人，于是刻意逢迎，想方设法巴结夏言，直到夏言把他当作自己人。夏言一当上内阁首辅，第一个引荐了严嵩坐了自己之前的位置——礼部尚书。之后，自认为对严嵩有提拔之恩的夏言对他傲慢无礼，以门客视之。渐渐地严嵩开始仇恨起夏言来。当然，严嵩也有了另一个比夏言更厉害的巴结对象，那就是至高无上的天子，所以他渐渐地不把夏言放在眼里。严嵩本来就是小人一个，有事没事就到皇上那儿嘀咕几句，今天说一句，明天说两句，反正没一句是好听的。有一次夏言出席了一场法事，因为拒绝穿道服，嘉靖帝脸色很是难看，这一切都让善于观察的严嵩看在眼里，他很适时地攻击了夏言，让嘉靖帝生出除去夏言之心。

紧接着严嵩因内阁首辅翟銮被削了职务而坐上了首辅的位置，好了，现在他与夏言可谓平起平坐了。然而，两个首辅却有着迥然不同的性格和处世方法。夏言我行我素，看见不对的事情，就会呵斥，对皇上也是这样；而严嵩对皇上一直保持谦恭的态度，即使他执政多年仍是如此，皇上说一，他不说二。

机会终于来了，严嵩下了个套，利用朝中几个人面和心不和的矛盾，成功地让嘉靖帝杀了夏言，还一同除去了几个与自己不和的人。

好了，朝里一片清朗，到处都是他严嵩的人了，再也没人跟他叫板了。而此时的皇帝要在宫中清虚学道、潜心修炼，根本无心治理朝政。那么纵观朝野内外，也只有严嵩能担此重任了。于是，从嘉靖二十一年（1542年）到四十一年（1562年），严嵩开始了自己长达二十年的专权生涯。

严嵩专权却没能做出对江山社稷有利的事情，侵吞军饷，结党营私，残害忠良，收受贿赂，滥封官爵。后来其子严世蕃

也入朝为官，亦仗势欺凌官吏，鞭笞役卒，朝野一片怨声。严嵩的权势超出他之前的任何一个阁臣。史册有记载，他在位时，"江右士大夫往往号之为父。其后，外省亦稍稍有效之者"。直到发生了"庚戌之变"，严嵩扣押军饷，致使丁汝夔以"防守不严"为名斩首，临刑前丁汝夔大呼："严嵩误我。"此变致使京郊皇庄及帝陵尽被俺答汗占领，并大肆杀烧抢掠，损失巨大。大臣们终于按捺不住纷纷上朝向皇上告状。

而此时，严嵩因做了首辅之后无暇给皇帝写漂亮的青词，又推脱不了，于是找人代写应付了事，嘉靖帝对严嵩日渐拙劣的青词颇有微词，又见大臣纷纷指责其在"庚戌之变"中的重大过失，于是下令杀了其子严世蕃，严嵩也被革除相位之职，让其归田回乡。历史总有惊人的相似之处，之后，嘉靖重用徐阶，而徐阶是严嵩一路提拔上来的，一如当年夏言与严嵩的关系。

徐阶对严嵩也是一肚子怨言，也想效仿严嵩杀夏言一样杀他，可惜的是嘉靖帝对严嵩一直念念不忘，每次提起来就老泪纵横，还不时告诫徐阶："嵩已退，其子已伏辜，敢再言者，当并应龙斩之。"于是，因为皇帝的话，严嵩没有被杀，却成为一个无家可归、以讨饭为生的老人，最后饿死街头。

◎ 严嵩与六必居

北京有一家百年老字号——六必居酱菜馆，传说创建于明朝中期，前身是山西赵姓兄弟开的一家杂货摊子。俗话说："开门七件事：柴、米、油、盐、酱、醋、茶。"这七件事是人们日常生活必不可少的。而赵氏兄弟的小店铺，因为不卖茶，就起名六必居。此外，六必居还有一个含义：黍稻必齐，曲蘖必实，湛之必洁，陶瓷必良，火候必得，水泉必香。因如此用心经营才使这个百年老字号经过了四百多年，仍然存活于世。

如果你到了六必居，首先看到的就是悬挂在门上方的"六必居"金字大匾，此三字就是出自当时丞相严嵩之手。传说，在严嵩没做官以前，闲居在北京，时常来六必居喝酒，与六必居的掌柜和伙计都很熟悉。掌柜听说他写得一手好字，求他写了此匾。当时严嵩还是个小人物，所以没落款。另外还有一个版本，说六必居的匾是严嵩做官以后写的。据说严嵩爱喝六必居的酒，严府时常派人到六必居买酒。店掌柜想用严嵩的社会地位以抬高六必居的身价，就托严府仆人请严嵩为六必居写块匾。于是男仆就去求女仆，女仆又去求夫人。夫人知道严嵩不能为一个普通店铺写匾，就天天在严嵩面前反复练习写"六必居"三个字。严嵩看夫人写不好，他就给写了个样子，让夫人照着样子去练，于是严嵩书写的"六必居"大匾就这样写成了，所以没有题名。

历史脉络图

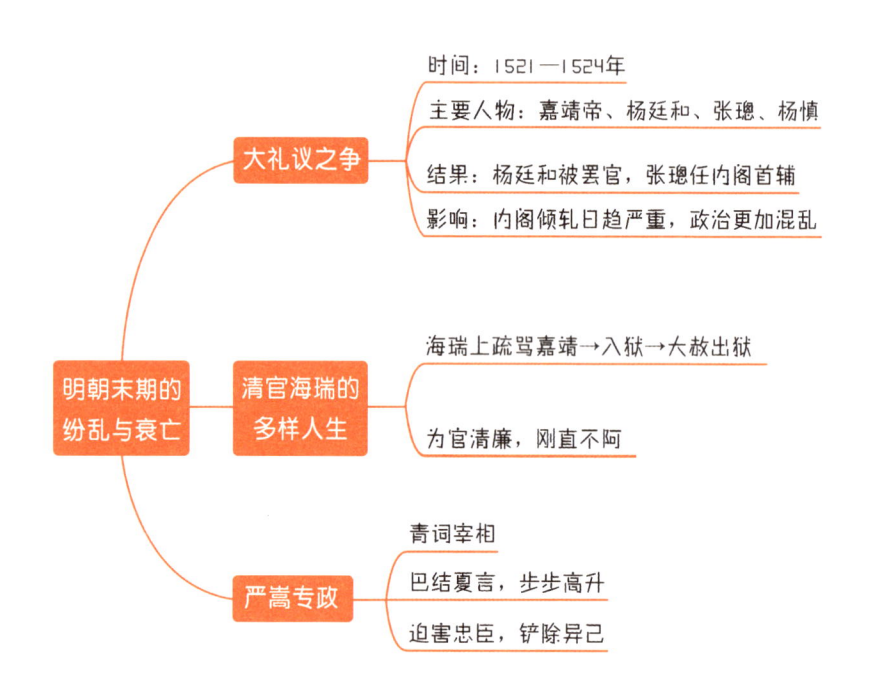

明朝末期的纷乱与衰亡
- 大礼议之争
  - 时间：1521—1524年
  - 主要人物：嘉靖帝、杨廷和、张璁、杨慎
  - 结果：杨廷和被罢官，张璁任内阁首辅
  - 影响：内阁倾轧日趋严重，政治更加混乱
- 清官海瑞的多样人生
  - 海瑞上疏骂嘉靖→入狱→大赦出狱
  - 为官清廉，刚直不阿
- 严嵩专政
  - 青词宰相
  - 巴结夏言，步步高升
  - 迫害忠臣，铲除异己

第六章
隆庆新政的曙光

无法评说的隆庆帝

嘉靖帝在位四十五年，之后，他第三个儿子朱载垕接替皇位，是为明穆宗。原本皇位对朱载垕来说是可望不可即的事情，他非嫡非长，母亲失宠，父皇又不喜欢他。十六岁就外出为藩王，早早便独立了。原本他也就在藩外安安心心地过一辈子算了，可是排行老大和老二的哥哥竟然都意外死亡，于是他就理所当然地坐上了皇位，遗憾的是他在位时间仅六年，实在是短得可怜。

估计是受嘉靖帝遗诏的影响，朱载垕一上台，立即把嘉靖帝在世时请的妖道们杀的杀，流放的流放，还把关在牢里的忠臣，比如海瑞都放了出来。这一下子就给明朝带来了希望。

果然，朱载垕不负众望，他改吏治、施新法，大明朝曾多次颁布禁止百姓私自下海的命令，而隆庆帝却大开关禁，使明朝对外政策发生重大变化，海外贸易也出现了新局面。同时，隆庆帝加强军队训练，巩固边防，和俺答汗签了和约，解决了蒙古常年在边境的骚乱。他任用贤臣，有多大的能力就给你多大权力，充分地做到用人不疑、疑人不用。

但是，朱载垕也是最穷的皇帝。

第六章　隆庆新政的曙光

朱载垕当了皇帝后，一直有个小心思，那就是想取悦后宫的美女们，想想自己都成一国之君了，怎么也得给身边的女人们买个花戴、买个糖吃或者来个胭脂水粉什么的吧！于是朱载垕就把想法告诉了户部，谁知道把持财政的人竟然说，买当然可以买，只是钱得由你付。这话听着有点大逆不道，可是在当时确实符合国情。

因为那时明朝财政有些空虚，管理制度非常严格，户部的钱不是谁说用就可以用的，任你是皇帝也不行。户部的钱可都是公款，不是皇帝的私房钱，你要用可以，先层层审批，有批文通过了，再到我这儿取钱。

可惜朱载垕这份花销名不正理不顺，怎么去写批文？从户部拿不到钱，朱载垕就去内库想想法子，可内库的钱早让嘉靖帝挥霍一空了，哪还有银子呀！

朱载垕开始想法子挣钱，只要是大臣们提出的有利于国民生计的观点，朱载垕都一一采纳，罢贪官、清田地、开关禁，与蒙古展开贸易往来，反正一切有利的事，朱载垕都做，目的就是挣钱，摆脱头上那顶穷帽子。

穷则思变，这是一条永远正确的理论。皇帝穷了也一样。

一代名相张居正

张居正，嘉靖二十六年（1547年）进士。隆庆帝之前一直默默无闻，张居正出现时，是嘉靖时期夏言与严嵩任内阁首辅的时候。在当时，夏言与严嵩各持一帮人，正热火朝天地进行着一场激烈的政治斗争。而此时，张居正就是一名小小的进士，刚入朝，说不上话，也引不起别人的注意。于是他干脆冷眼旁观，默默地注视着这场政治争斗。当然，他一边观看一边不忘记学习，对朝廷的政治腐败和边防废弛的现状有了很直观的认识。于是就上折一份，意气风发地就治理朝政和边防的问题阐明了自己的观点。原以为自己一腔热情会得到皇帝的另眼相看，可惜的是，嘉靖帝每天忙着修仙成道，哪顾得了"凡间"的"琐事"。张居正左等右等就是没有消息，终于，张居正泄气了，明白原来只是自己自作多情。

一怒之下的张居正找了个身体有恙的理由请假离京了。回到家乡的张居正，每日里与农民打交道，深深地体会到生活在社会底层的人民的辛劳、饥寒和痛苦。强大的责任感让他觉得只有为官才能为百姓做点什么。张居正的这个想法很正确，只有让自己强大了才能保护弱小者。如果自己都是个弱者，每天还要受别人的欺负，怎么能救别人于水火之中呢？之后，张居正重返政坛。

嘉靖四十三年（1564年），张居正的恩师——深谋远虑的徐阶推荐其为当时还是裕王的朱载垕侍讲侍读。张居正很有才气，又写得一手好文章，很快就得到朱载垕的赞赏。

所以，朱载垕一当上皇帝，张居正马上就升为吏部左侍郎兼东阁大学士，进入内阁，参与朝政。能够参政议政就能为天下受苦受难的百姓说上话，这正是张居正的初衷。不知道是朱载垕成就了张居正，还是张居正成就了朱载垕，反正在此期间大明朝的国运不错，所执行的政策都取得了预期的效果。朱载垕这个懒惰好色的皇帝也算跻身于明君一榜，而张居正也由默默无闻的小吏成为响当当的名相而留史册，应该说取得了双赢的局面。

话是这样说，可在当时的大明王朝，内里土地兼并，流民四散，国库空虚；外则北方蒙古进兵中原，边防吃紧；南方土司争权夺利，尤其岑猛叛乱，"两江震骇"；东南倭寇侵扰沿海，民不聊生；朝中内阁内部日益白热化的政治斗争等。想要治理好百废待兴的各行各业是需要投入大量的精力和智慧的，而张居正是万斤重担一身挑呀！

事实证明，张居正是好样的。张居正和徐阶商议了一下，要在嘉靖帝的失败里找原因，让人们铭记惨痛的教训。于是，二人共同起草世宗遗诏，纠正了世宗时期的修斋建醮、大兴土木的错误，为因冤案获罪的勤勉朝臣恢复官职，受到了朝野上

下的普遍欢迎。这第一炮算是打响了，连皇上都大力支持，很积极地配合开展工作，为下一步计划的实施奠定了基础。

然而所有的事情都有磨难，当张居正准备开始整顿吏治时，亦师亦友的内阁首辅徐阶竟然因病离开了人世。而新上任的内阁首辅兼掌吏部的是张居正的老对头高拱。高拱做了首辅之后，张居正就被置之不理了。

政治上没有永远的不败者。高拱因为得罪了太后，被削了官职，遣送回了老家。至此，张居正成了首辅，从此开始了其独掌国家大权的政治生涯。

而此时的明朝一切都尚未改观，依旧是危机四伏。为了让国家早日走出困境，张居正准备大刀阔斧地大干一场：第一，巩固边防；第二，整顿吏治；第三，实行考成法；第四，厉行

必备知识

什么是考成法

考成法是张居正当时推行的法规，将官员收取税赋作为考成的标准。地方官征税赋不足九成者，一律处罚。年底总结算，不合格者或降级或者直接革职处分。这一法规使那些怕降职和处罚的各级官员不敢懈怠，努力工作，督责户主们把当年税粮完整结清。这一政策改变了大明朝一直拖欠税粮的状况，使国库日渐壮大。考成法推行后，据万历五年（1577年）户部统计，全国的岁入钱粮数目达435万余两，比隆庆时每岁所入250万余两之数，增长了74%，扭转了财政长期亏虚的状况，可见考成法成效斐然。

节约；第五，在全国推行一条鞭法。通过种种努力，大明朝终于一步步走向了繁荣昌盛。

可以说是张居正拯救了明王朝这座将要倾倒的大厦，使万历时期成为明王朝最为富庶的时代。

可惜的是，在张居正病逝后不久，一直恨其生前对自己太过严厉的万历帝给张居正定了"专权乱政、罔上负恩，谋国不忠"的罪名，然后下旨抄家，并把其家人全部发配充军。可叹，良相无良果。

更让人生气的是，万历帝还废除了张居正在世时推行的新政，致使大明之厦更加倾斜。估计九泉之下的朱元璋看到了也会被气得吐血了。明史有载："亡大明者，万历帝是也。"这个因一己之私，连累大明江山、让自己背负亡国之君罪名的昏庸者，不知道有没有悔悟到自己的错误。

> 必备知识

一条鞭法

"一条鞭法"是明代中后期赋役方面的一项重要改革，简化了赋、役征收手续。一是把田赋和繁杂的徭役、杂税合并统一征收；二是把徭役部分摊入田亩，既根据人丁又依照田亩征收；三是田赋、徭役和杂税合为一条后，一律征银。田赋，除政府必需的米麦仍然交实物外，其余以白银折纳；徭役，一律实行银差。这就肯定了货币在赋税征收中的主导地位。

这项改革在张居正为首辅时得以在全国推行，然而据说其创始人竟然是严嵩。

历史脉络图

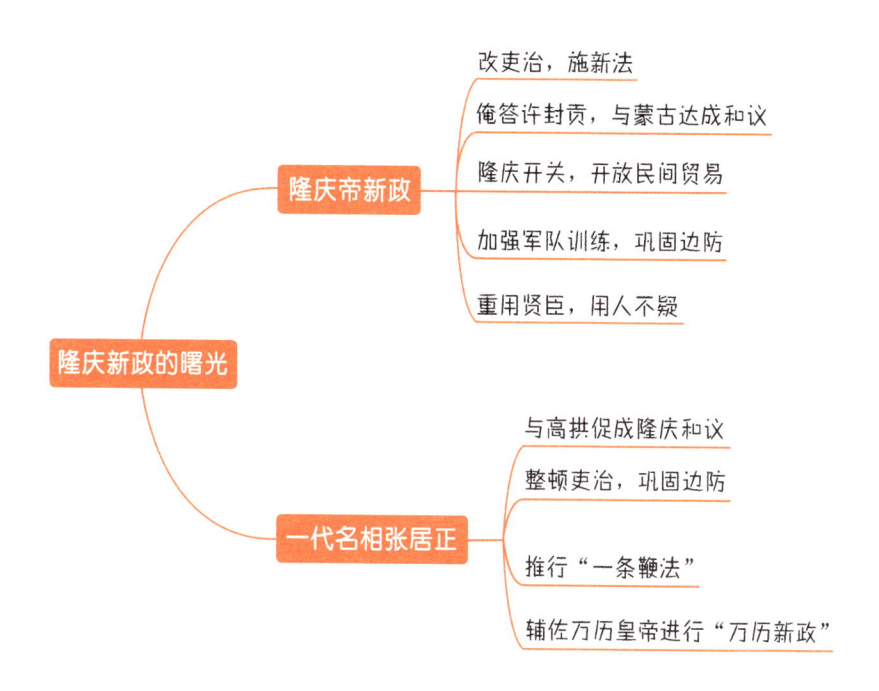

- **隆庆新政的曙光**
  - **隆庆帝新政**
    - 改吏治，施新法
    - 俺答许封贡，与蒙古达成和议
    - 隆庆开关，开放民间贸易
    - 加强军队训练，巩固边防
    - 重用贤臣，用人不疑
  - **一代名相张居正**
    - 与高拱促成隆庆和议
    - 整顿吏治，巩固边防
    - 推行"一条鞭法"
    - 辅佐万历皇帝进行"万历新政"

第七章
长时间不上朝的皇帝在做什么

万历帝不上朝的记录

万历帝在位四十八年，竟然长达二十八年不上朝，称得上史上"旷课"最多的皇帝。

万历帝朱翊钧出生于1563年，他并不像其他皇族出生时那样风风光光。虽然有许多人接踵而至为身为裕王的朱载垕道贺，然而当时朱载垕却十分恐惧，恐惧什么呢？原来，朱载垕

的父亲嘉靖帝很是迷信两王不相见。恰巧排行老三的朱载垕前面的两个哥哥也因故一一而亡，因此，让嘉靖帝对于皇孙们的出生更加愤恨，并且年龄越大愤恨越深。所以本来就不受嘉靖帝喜欢的裕王不敢去"老虎"面前讨无趣，更不敢把自己得子的喜讯告诉父亲，甚至都不敢给爱子取名字。

嘉靖帝最怕两王相见，于是，晚年的他根本就不与儿子见面，更别说那个不知道啥时候来到世上的孙子了。直到嘉靖帝驾崩，他唯一的儿子朱载垕继承皇位之后，万历帝朱翊钧才有了自己的名字。那一年，朱翊钧五岁，聪明伶俐，深得众人的喜欢，尤其是父王隆庆帝朱载垕对其宠爱有加，于是在隆庆二年（1568年），朱翊钧就被立为太子。不得不提一下朱翊钧的母亲李氏。纵观明朝后宫的女子，不知道是开国皇帝朱元璋的老婆马秀英起到了带头的作用，还是朱家祖坟上就注定了其后宫多贤德，反正这个李氏也具备了中国传统的贤妻良母的美德，对儿子更是慈爱中有严厉，年幼的朱翊钧很早就开始学习国家之治。可惜的是李氏并没有影响到自己的丈夫，即位不久的隆庆帝朱载垕越来越沉迷在酒色之中，早已无心治理朝政，把国家大事统统交给了首辅张居正，自己干脆做起了甩手掌柜。

隆庆六年（1572年），隆庆帝朱载垕的身体实在撑不下去了。临死之前赶紧召大学士张居正、高拱、高仪等人进宫商议后事，他知道自己时日不多，这才担心起这祖宗交在手里的大明江山和年仅十岁的太子朱翊钧。

此时的朱载垕横卧在病榻之上，连说话都气若游丝了，此时他所能做的只有临危托孤了。他托张居正、高拱、高仪为三辅臣，之后又告之以"事与冯保商榷而行"，也就是这一句，让冯保成为托孤之列，于是就有了万历帝之后的种种是与非。话说，张居正与冯保的关系那是好得不用提了，可是高拱并不看好冯保，而冯保也一直恼恨于此人当初极力阻止自己登上司礼监掌印之位，于是一场政治斗争蔓延开来。

高拱为人很是嚣张，做了三辅臣之后，更是自命不凡，并且此人最大的缺点就是性格粗且直，把小皇帝也不放在眼里，出言就是"十岁太子，如何治天下"。

也就是这一句话，让冯保抓到把柄。冯保一直与皇太后关系密切，又加上是万历帝的大伴，只需每天说高拱几句坏话，那高拱就吃不消了。又加上张居正也在太后面前责怪高拱专恣，所以，万历帝十日登基，十六日高拱就被安了个"专权擅政"的罪名，罢官回乡待着了。另一个重辅高仪因为高拱的出局，吓得三日内竟然吐血而亡。

之后，万历帝前十年的皇帝生涯基本上是受三个人的制约：一个是自己的母亲李太后，一个是司礼监掌印太监冯保，一个是内阁大学士张居正。

也正是这十年，在小皇帝、李太后以及司礼监掌印太监冯保的支持下，内阁大学士张居正开始了自己大刀阔斧的改革，不仅使大明朝在政治、经济上焕然一新，明王朝的国势也有了非常大的改善。当然这功劳也应该算在万历帝身上，所以说初期万历帝还算是个开明的皇帝。

万历帝是明朝在位时间最长的皇帝,其在位时间长达差不多半个世纪的光阴,最初貌似还算开明的万历帝因为张居正的离世有了一百八十度的大转弯,竟然长达二十八年不再上早朝,拿下了历史上"逃课"最多的皇帝之冠。

你知道吗?

定陵

唯一被开发的明皇陵——定陵是万历皇帝朱翊钧和他的两位皇后的陵墓,建于1584—1590年,占地面积约18万平方米。当时的定陵共花去800万两白银,用时长达六年之久。

而明十三陵中所有的地宫都被深埋在陵墓最隐秘的位置,定陵地宫是目前十三陵中唯一被开发的地下宫殿,是中华人民共和国成立后第一座有计划发掘的帝王陵墓。地宫共出土各类文物3000多件,其中不少为稀世珍宝,如四件国宝:金冠、凤冠、夜明珠和明三彩。1959年,在原址上建立博物馆并对外开放,成为北京市乃至全国闻名的旅游景点。2003年,包括定陵在内的整个十三陵被联合国教科文组织列入《世界遗产名录》,昔日的皇家陵园最终成了全人类共同的遗产。

万历年间的三大征战

人们纷纷指责万历帝把明朝推入了灭亡时代，可是纵观万历帝在位期间的事件，从某种意义上说，万历帝还是遗传了朱家武将的风范。且看万历年间发生的著名的三大征战，后来被世人称为中国历史上的奇迹。

此三大征战指的是平定哱拜叛乱、支援朝鲜抗击日本侵略的朝鲜之役以及播州之役。

哱拜是蒙古鞑靼部的首领，在明朝嘉靖年间曾投降明朝边将郑印，后来官位做到宁夏副总兵，他的儿子哱承恩也做上了指挥使，在巡抚门下做旗牌官。哱拜是个有野心的人，私下里蓄养了一批奴仆，明为奴隶实为自己的苍头军，后来看到明朝军队的兵马不整齐，认为是个机会，就有了反叛之心。也难怪，皇帝都不理朝政了，身在蒙古的哱拜早就对此有所耳闻了。况且鞑靼与明朝这么多年的纠缠宿怨，不由哱拜不去动此心思。史书记载：万历二十年（1592年）二月，哱拜与结义兄弟刘东旸同时举兵，杀掉了宁夏巡抚党馨，缴去总兵张维忠的印信。刘东旸自任总兵，哱承恩为副总兵，哱拜为谋主，扯旗反叛，企图占据宁夏，自立割据政权。

第七章　长时间不上朝的皇帝在做什么

万历帝慌神了，赶紧召集大臣商议平叛之策。当时的兵部尚书石星提出的方案是挖开黄河堤坝，用黄河的水淹没宁夏城，以此攻陷叛军主力；而御史梅国桢则推荐原任总兵李成梁前往平叛；甘肃巡抚叶梦熊也主动提出要去迎击叛军。

万历接受了这三种方案，他一方面命令叶梦熊赶赴宁夏迎击叛军；另一方面命令李成梁出征宁夏。李成梁当时在辽东，便让他的儿子李如松前往。到了六月，宁夏城外已经有魏学曾、梅国桢、叶梦熊、李如松等数支大军，由魏学曾统一调度。

但是，魏学曾竟然向万历帝提议招安叛军。这让万历帝大为恼火，以叶梦熊取代了魏学曾，将魏学曾抓回京城，并直接部署用黄河之水来淹没宁夏城。于是，七月十七日之前，叶梦熊围着宁夏城筑了一道长约一千七百丈的长堤，将宁夏城围成一个水泄不通的池塘，然后掘开黄河大堤，向宁夏城灌水。由于被围已久，宁夏城中粮食短缺。同时，李如松又堵截并击败了从河套来援的蒙古骑兵。到了九月，明军攻破宁夏南城。九月十八日，朝廷大军进城，剿灭了哱拜的苍头军，哱拜兵败后自杀。哱承恩等人被押回京城。平定哱拜的叛乱大获成功。

接下来说说援朝之战。万历二十年（1592年），日本关白丰臣秀吉派小西行长等人领兵二十万从釜山登陆。沉湎享乐的朝鲜国王根本就无法抵御，不得不向自己一直进贡的大明朝求救。消息传来，万历帝两次派少量兵马入援朝鲜，均全军覆没。这两次败仗激怒了万历帝，于是，他命宋应星为经略，从

西北前线调回李如松，率兵四万余人雄赳赳、气昂昂地跨过鸭绿江，进入朝鲜抗击日军。担任前线指挥的是名将李成梁之子李如松，李如松是一员骁将，能征善战。最初明军在朝鲜的前几仗打得都很成功，但在万历二十一年（1593年）正月在碧蹄馆附近遭到日军伏击，损失惨重。双方最后决定议和。日本方面撤兵南下，朝鲜首尔以南的大片国土恢复。而明朝也做出了让步，册封丰臣秀吉为日本国王。

万历二十二年（1594年），丰臣秀吉身着明朝的冠服，迎接明朝的使臣来日，事情表面看是得到了解决。然而，两年之后，即万历二十四年（1596年）十二月，丰臣秀吉又发动了第二次朝鲜战争。明朝遂于次年再次出援朝鲜，却遭惨败。万历二十六年（1598年）正月，明军退守到平壤南部的王京，与日军进入相持阶段。七月九日丰臣秀吉死去的消息，让日军士气低落，阵脚大乱。明军遂发动攻击，日军无心恋战，纷纷登船渡海东归。这一次援朝之战，虽然在军事和经济上都耗损巨大，但对于确保明朝的海防与东北边疆的巩固，意义重大。

万历十四年（1586年），播州之战也缓缓拉开了序幕。这一年，万历帝命杨应龙为都指挥使。生性勇猛的杨应龙世袭了父亲杨烈的宣慰司一职。但是，杨应龙早就想占据整个四川，独霸一方。他的居所雕龙饰凤，就好像自己是一方的皇帝。从万历二十年（1592年）起，杨应龙就反复无常，有时唯大明是从，有时又想造反。于是，万历二十七年（1599年）二月，贵

第七章 长时间不上朝的皇帝在做什么

> **你知道吗?**
>
> ## 万历帝明神宗原来是个驼子
>
> 万历四十八年（1620年）七月二十一日，明神宗朱翊钧病逝，十月葬于定陵。三百多年以后，他的坟墓定陵被发掘。1958年，在考古学家夏鼐的指挥下，明神宗的梓宫（棺椁）被开启。在厚厚的龙袍下面，掩藏着明神宗的尸骨。尸骨复原后的结论是：朱翊钧生前体形上部为驼背。骨骼测量，头顶至左脚长1.64米。

州巡抚江东之命都指挥使杨国柱讨伐杨应龙，结果全军覆没，杨国柱战死。当时，朝鲜战争已经结束。因此，万历帝决定一劳永逸地解决杨应龙问题。他任命李化龙为湖广、川贵总督兼四川巡抚，郭子章为贵州巡抚，讨伐播州叛军。万历二十八年（1600年）初，各路兵马陆续汇集播州附近，共计二十余万人。这种安排足以说明朝廷剿灭杨应龙的决心。大军中以刘綎部最为骁勇善战。綦江在播州的北面，杨应龙重点屯兵于此，他的儿子杨朝栋亲自领苗兵数万进行防守。然而，苗兵每遇上身先士卒的刘綎，往往不战而溃。罗古池一战，杨朝栋差点被俘。刘綎率军一直攻到了娄山关下。娄山关是杨应龙老巢海龙囤的门户，与海龙囤并称天险，易守难攻，但是，却被刘綎在两个月内连续攻破。六月六日，杨应龙自缢而亡。战役前后历

时114天，斩杀杨应龙部队两万人。

　　从万历三大征战看来，万历绝不是一个平庸的皇帝。虽然他好大喜功，但是他在给朝鲜国王的信中却始终强调朝鲜要力求自保的事实。实际上，万历对于每一次军事行动，都能高瞻远瞩地认识到其重要性。而且，在战争过程中对于前线将领的充分信任、对于指挥失误将领的坚决撤换，都显示了其超人的军事胆略。

万历中兴的具体举措

万历皇帝明神宗虽然一度不理朝政二十几年，但是在其统治初期，有十年左右的强盛时期，历史上称为"万历中兴"。虽然人人都知道在万历中兴中起决定性作用的是张居正，可是如果我们深入地了解到万历皇帝后来与文官集团之间的矛盾，也就多多少少能理解万历皇帝为啥消极罢朝二十多年了。人无完人，皇帝也只是一个有七情六欲的俗人罢了。

万历初年，李太后处理朝政，张居正得到李太后的充分信任，而年幼的皇帝对张居正更为信赖，故张居正能一心一意推行新政。在政治上，张居正推陈出新以"尊主权，课吏职，信赏罚，一号令"为主，其中心是整治解决官僚争权夺势、玩忽职守的腐败之风。他认为当时朝野懈怠成风，政以贿成，民不聊生，主要原因是"吏治不清"。于是他决定整理大明朝的官员，淘汰一批官员并择优录取一批新的官员，以期给腐败的大明朝注入一股新的血液。在执行上，他坚持"信赏罚""持法严"。在他执政期间，百官个个唯他命是从，不敢有丝毫的不恭，于是朝廷的行政效力大大地提高了。当时的黔国公沐朝弼屡次犯法，应当逮捕，但朝廷舆论认为此事很难办，张居正

就改立沐朝弼的儿子袭爵,派飞马前去捆绑沐朝弼,沐朝弼没有反抗,被押到京师,张居正免他一死,将他幽禁在南京。再如,因御史在外常常欺凌巡抚,张居正决定压一压他们的气焰,只要他们有事做得不妥,马上加以责骂,又勒令他们的上司加以考查。

在军事上,由万历皇帝主推的三大征战的军事活动,证明了其军力的强大。在军事治理上面,任用贤将,调戚继光镇蓟门(今河北迁西县西北)、李成梁镇辽东(今辽宁辽阳),又在东起山海关、西至居庸关的长城上加修"敌台"三千多座,加强北方的防御,增强了明朝的边境防御能力。并在边疆实行互市政策。互市又使边疆保持稳定,在大同、宣府、甘肃等地实行茶马互市,保持贸易往来,边境也长久地没有外扰。

万历中兴时期在经济方面也颇有建树。首先,对全国的土地进行了清查。主推这一政策的张居正认为,"豪民有田不赋,贫民曲输为累,民穷逃亡,故额顿减"是"国匮民穷"的根源。万历六年(1578年),下令在全国重新丈量土地,清查漏税的田产,到万历八年(1580年),统计全国查实征粮土地达七百多万顷,比弘治时期增加了近三百万顷,朝廷的赋税大大增加。前朝正德、嘉靖年间对国库的消耗极大,所幸到了万历年间才算比较富裕。由此可见,万历统治时期明朝的经济有了长足的发展。

其次,对赋税进行了一系列的改革,实行"一条鞭法"。"一条鞭法"的主要内容是:

第一，以州县为基础，将所有赋税包括正税、附加税、贡品以及中央和地方需要的各种经费和全部徭役统一编派，"并为一条"，总为一项收入。过去田赋有夏税、秋粮之分，征收上又有种种名目，非常繁琐，现在统一征收，使国家容易掌握，百姓明白易知，防止官吏从中贪污。这在当时可算是阳光政策了。

第二，关于徭役征派，过去有里甲、均徭、杂泛之分。里甲按户计征，不役者纳"门银"（户银）；均徭、杂泛按丁分派，应役方式又有力差（以身应服）、银差（纳银代役）之分。现在取消里甲之役，将应征的全部门银同丁银合并一起。"丁银"的计算方法是将力差的"工"（劳动）和"食"（服役期间全部生活费用）折算为银；如"银差"则按纳银数再加收少量"银耗"（碎银化铸银锭时的损耗），然后全部役银以"丁"和"地"两大类因素统一考虑编派征收，即所谓"量地计丁，丁粮毕输于官"。自此，户不再是役的一种根据，丁的负担也部分转到"地"或"粮"中。

第三，赋、役之中，除国家必需的米、麦、丝、绢仍交实物和丁银的一部分仍归人丁承担外，其余"皆计亩征银，折办于官"。

第四，官府用役，一律"官为佥募"，雇人从役。过去由户丁承担的催税、解送田粮之差、伐薪、修路、搬运、厨役等一概免除。这一改革使赋役折银征收，既是商品货币经济发展的结果，又促进了商品经济的繁荣。

万历中兴最主要的推行者其实是张居正。在张居正做首辅的时候，实施一系列的治世方案，取得了很高的成就，如果后来的万历帝能够坚持张居正的管理模式，那么明朝有可能化腐朽为神奇，保持长运，至少不会很快灭亡。但在万历十年（1582年）张居正病逝后，这些政策就被万历和张居正的反对者推翻了。

反对派把矛头对准了张居正的"一条鞭法"，万历皇帝此时已是二十多岁的小伙子了，张居正死后，他要自己"乾纲独断"，于是下令取消"一条鞭法"。看到自己的提议得到皇帝的首肯，反对派们更加活跃了，被冯保、张居正排挤走的前任首辅高拱也送来了《病榻遗言》，为自己申冤；辽王妃王氏也上奏疏，说张居正坏话，万历终于给张居正加上了各种罪名，下诏抄了张居正的家，并把其子弟全发配到"烟瘴地面"，新政彻底失败，明朝国运岌岌可危。

第七章　长时间不上朝的皇帝在做什么

"一月天子"明光宗

明光宗朱常洛，万历帝的儿子。说起这位明光宗，可以说他的运气实在是不太好。当年，他因为是长子被立为太子时，并不为他的父亲万历帝所喜爱。万历帝一直想废了他的太子之位，好让自己宠爱的郑贵妃的儿子福王朱常洵成为太子。所幸文官集团坚决不同意，才让朱常洛战战兢兢地等到了万历帝归西，登上了皇位。在他登基之始，他恐怕没有想到，他的皇帝生涯只有短短的一个月。想开了也行，毕竟做皇帝不是随便哪个人都有这个命的，纵观大明朝二百多年的历史，那么多皇族子孙也就只出了十六个皇帝而已。

朱常洛是宫女所生，朱翊钧是打心眼里不喜欢这位皇子，认为其母亲出身卑贱，这一观念持续了三十九年，直到万历皇帝去世。因此也不难想象这个皇太子与母亲的日子是怎么过的了。

万历皇帝非常宠爱郑贵妃，因此也视郑贵妃的儿子福王朱常洵为掌上明珠，加上郑贵妃又迫切地想让自己的儿子坐上太子之位，每天在万历皇帝身边哭哭啼啼，而万历皇帝也早就有废长立幼的想法，于是违规地封了郑氏为贵妃，而长

子朱常洛的母亲也就是宫女出身的王氏却只封为恭妃。之后又不让长子朱常洛上学读书，反正是该虐待的都虐待了，主题无非就是一个——废弃朱常洛的太子之位。可是没想到后来爆发国本之争，众大臣用生命和鲜血为皇长子朱常洛争来了这个太子之位。

朱常洛这个太子当得是战战兢兢，来自宫内、宫外的斗争始终都在威胁着他的地位，甚至生命。好在朱常洛在残酷的斗争中已经渐渐成熟，各方面表现中规中矩，让万历皇帝也无话可说。这一切却让一个人恨得牙痒难耐，此人就是万历皇帝最宠爱的郑贵妃，为了让她的儿子能够坐上皇帝的宝座，她决定破釜沉舟。

明朝著名的梃击案就在这样的历史条件下发生的。史书记载，一天中午，一个身份不明的壮汉手持枣木棍闯入太子宫，准备行刺，好在被值班太监当场抓住，朱常洛才算躲过一劫。一个农民如何能闯进戒备森严的皇宫，躲过宫内重重防范轻而易举地找到太子居住的宫殿呢？看来此中必有内情。

此案惊动了朝野，大臣们纷纷猜测，壮汉一定是受人指使而为。后来案件有了点眉目，所谓的眉目是案情牵涉郑贵妃，于是乎，两个太监做了替死鬼后此案就不了了之了。

万历四十八年（1620年），朱常洛总算登上了皇位，成了君临天下的帝王，年号泰昌。可是不承想他苦苦等待三十九年的出头之日，仅仅只有一个月，悲剧呀！只是此时的他并不自

第七章 长时间不上朝的皇帝在做什么

知,开始了一系列革除弊政的改革。他取消矿税,这种税收曾一度导致民不聊生,叛乱迭起。他拨乱反正,将由于进谏而得罪皇帝的言官都放了出来,恢复了官职。面对万历中后期官员严重不足的情况,他重振纲纪,提拔了一批新的官吏,补足了缺额,使国家机器能够正常运转。将邹元标、王德完等一些正直敢言的大臣,先后下诏召回。

这一切都预示着新的政治面貌即将出现。然而,宫中的郑贵妃似乎仍是朱常洛无法摆脱的阴影。他非但没有胆量去追查当年郑贵妃对自己的迫害,反而处处以先皇为借口,优待郑贵妃。万历皇帝弥留之际,曾留遗言于朱常洛,要朱常洛封郑贵妃为皇后。万历皇帝离世的次日,朱常洛传谕内阁:"父皇遗言:'尔母皇贵妃郑氏,侍朕有年,勤劳茂著,进封皇后。'

卿可传示礼部，查例来行。"此时，万历原来的王皇后以及朱常洛的生母王氏都已经去世，郑贵妃一旦变成皇后，在接下来的泰昌朝中，她就可能变成皇太后。礼部左侍郎孙如游上疏给朱常洛说："臣详考历朝典故，并无此例。"既然朱常洛另有生母，郑贵妃怎么能被封为皇后呢？朱常洛对此感到十分为难，于是将奏疏留下不发。后来，在八月二十日，朱常洛收回了封郑贵妃为皇后的成命。

正当朱常洛摩拳擦掌准备励精图治时，却突然病倒了。身当壮年，又刚刚即位不到一个月的时间，究竟是什么原因让这位新帝病倒了呢？泰昌帝的身体本来就不好，年龄又不饶人，即位之初处理政务非常繁忙，加上回到后宫的纵欲，他终于倒下了。

本来不是什么大病，吃几副补药，静心调养一段时间应该就可以复原，但是掌管御药房的太监崔文升向皇帝进了一剂泻药，泰昌帝当天晚上腹泻三四十次，身体一下就垮了下来，再也起不了床了，而且病情日趋恶化。

就在这时，鸿胪寺丞李可灼进献两粒红丸，泰昌帝用了第一粒后，病情稍见好转，用了第二粒后泰昌帝昏昏睡去，于第二天清晨驾崩。红丸到底是什么药？是否有毒？崔文升为什么要向皇帝进泻药？这些都已无法弄清，这件事史称"红丸案"，此案最后不了了之，成为明宫又一大悬案。泰昌帝就这样不明不白地走了，没当皇帝之时处处小心，当了皇帝没几天又抱憾而终。

第七章 长时间不上朝的皇帝在做什么

泰昌帝做皇帝仅一个月,史称"一月天子"。此时万历皇帝尸棺尚未埋葬,泰昌帝地宫也不可能在短期内速成。无奈之下,就在原北京昌平景泰陵的废址上重建新陵,天启元年(1621年)三月重新修缮,八月完工,九月入葬,名为庆陵。

历史争鸣

在位时间最短的皇帝

纵观历史,泰昌帝其实并不是在位时间最短的皇帝。

完颜承麟,金国末代皇帝。天兴三年(1234年)正月,金哀宗不想做亡国之君,就想了个办法,把皇位传给了完颜承麟。于下旨传位翌日举行即位大典,但大典未完成宋蒙联军已攻入城内。完颜承麟唯有草草完成大典立刻带兵出迎,死于乱军之中。据史学家推测,完颜承麟在位时间不足半天,更有人指出其在位时间不足一个时辰,为中国历史上在位时间最短的皇帝。

历史脉络图

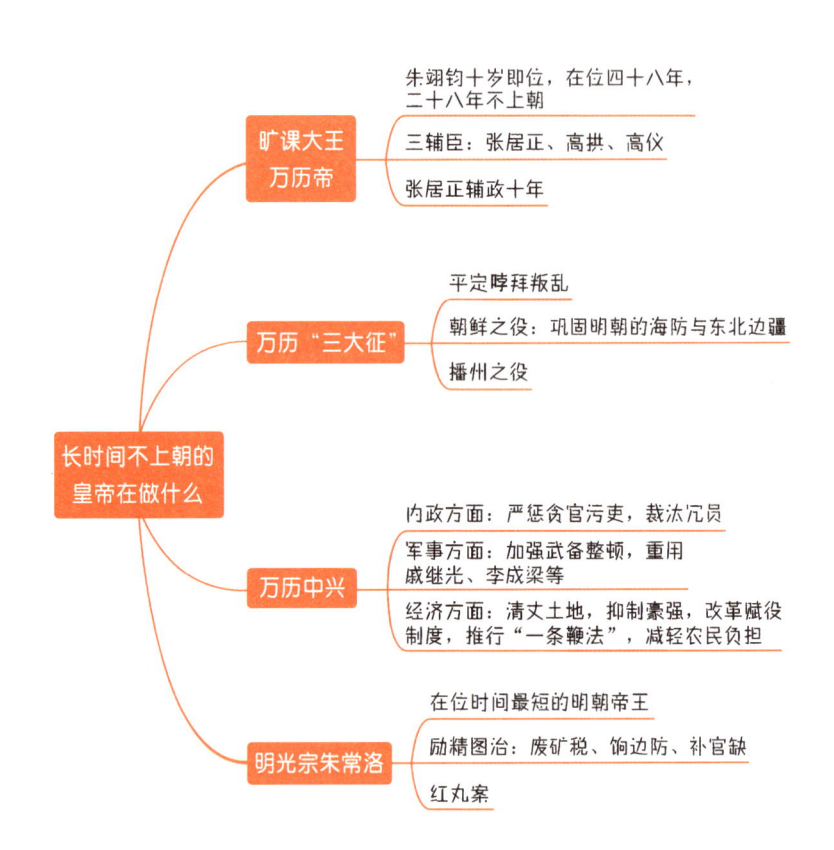

长时间不上朝的皇帝在做什么
- 旷课大王万历帝
  - 朱翊钧十岁即位，在位四十八年，二十八年不上朝
  - 三辅臣：张居正、高拱、高仪
  - 张居正辅政十年
- 万历"三大征"
  - 平定哱拜叛乱
  - 朝鲜之役：巩固明朝的海防与东北边疆
  - 播州之役
- 万历中兴
  - 内政方面：严惩贪官污吏，裁汰冗员
  - 军事方面：加强武备整顿，重用戚继光、李成梁等
  - 经济方面：清丈土地，抑制豪强，改革赋役制度，推行"一条鞭法"，减轻农民负担
- 明光宗朱常洛
  - 在位时间最短的明朝帝王
  - 励精图治：废矿税、饷边防、补官缺
  - 红丸案

第八章
明朝的成败是说不清的

如果没有做皇帝,我该是一位好木匠

历史上的皇帝各有各的爱好,有的爱好诗词,有的爱好书画,唯有明熹宗朱由校的爱好最为特别,他喜爱木工,喜欢制造木器,而且手艺超群。但作为皇帝,朱由校却并不称职,这已是公论。

朱由校是明光宗朱常洛的儿子、明神宗朱翊钧的孙子。因神宗在位时只顾自己寻欢作乐,无暇顾及皇太孙的读书问题,光宗又是一个短命的皇帝,因此,十六岁的天启帝即位时,文化程度很低,堪称"文盲皇帝"。但是大权在握之后,他觉得自己总该有个爱好,人没有爱好可是会很无聊的,于是他选择了木工,而且在这个领域创造了一片属于自己的天地。据说,凡是他所看过的木器用具、亭台楼榭,都能够做出来。凡刀锯斧凿、丹青揉漆之类的木匠活,他都乐此不疲,甚至废寝忘食。

明代天启年间,匠人所造的床极其笨重,十几个人才能移动,用料多,样式也极为普通。天启帝自己设计图样,亲自锯木钉板造出一张床,床板可以折叠,携带移动都很方便,床架上还雕有各种花纹,美观大方,为当时的工匠所叹服。

第八章　明朝的成败是说不清的

　　朱由校还善用木材做小玩具。他做的小木人，男女老少神态各异，五官四肢样样俱全，动作惟妙惟肖。朱由校还派内监拿到市面上去出售，市人都以重价购买，天启帝更加高兴，往往忙到半夜也不休息，还常令身边太监做他的助手。

　　天启帝的漆工活也很在行，从配料到上漆，他都自己动手，并喜欢创造新花样。天启帝还喜欢在木制器物上发挥自己的雕镂技艺。在他制作的十座护灯小屏上，雕刻着《寒雀争梅图》，形象逼真。《明宫杂咏》中有诗吟道："御制十灯屏，司农不患贫。沉香刻寒雀，论价十万缗。"天启帝雕琢玉石，也颇精工，他常用玉石雕刻各种印章，赐给身边的大臣、太监。

据说除了木工活外,天启帝还醉心于建筑。清人笔记中曾经写到天启帝曾亲自在庭院中建造了一座小宫殿,形式仿乾清宫,高不过三四尺,却曲折微妙,小巧玲珑,巧夺天工。他还喜欢看木偶戏,闲暇时自己也做个木偶玩玩。如果放在当今社会,朱由校一定会是一位杰出的艺术家,然而在当时他却是一个有悲剧色彩的皇帝。

他一度沉迷于木工活,把治国平天下的事早就抛到脑后,无心过问。面对这样的主子,奸臣魏忠贤当然不会错过良机,他常趁天启帝引绳削墨时,拿上公文请天启帝批示,天启帝觉得影响了自己的兴致,便随口说道:"我已经知道了,你尽心照章办理就是了。"天启帝潜心于制作木器,把公务一概交给了魏忠贤,魏忠贤借机排斥异己,扩充势力,专权误国。

有一次,江西抚军剿平寇乱后上章报捷,奏章中有"追奔逐北"一句,原意是说他们为平息叛乱,四处奔走,很是辛苦。皇帝身边的一个叫何费的太监胸中也没有多少墨水,念奏章时,把"追奔逐北"读成"逐奔追比"。解释时,把"逐奔"说成是"追赶逃走",把"追比"说成是"追求赃物"。天启帝听了大发雷霆,江西抚军不但未得到奖赏,反而受到"贬俸"的处罚。

扶余、琉球、暹罗三国派使臣来进贡。扶余进贡的是紫金芙蓉冠、翡翠金丝裙;琉球进贡的是温玉椅、海马、多罗木醒酒松;暹罗进贡的是五色水晶围屏、三眼鎏金乌枪等。邦国来进贡,而且进贡的是贵重礼物,天启帝亲自隆重接待。在金殿上，使臣递上用汉文写的奏章，宦官魏忠贤由于目不识丁，接了后忙转手递给天启帝，天启帝装模作样地看了半晌，把进贡的奏章当成是交涉什么问题的奏疏，大怒将奏章往地下一掷，说："外邦小国好没道理！"说罢拂袖退朝。

天启帝在位期间纵容自己的奶娘客氏和宦官魏忠贤，任他二人胡作非为，在朝廷陷害忠良，在后宫则荼毒妃嫔。廷上正人君子殆尽，政治黑暗至极，大明江山岌岌可危。朱由校就是将这样一个烂摊子留给了即位的弟弟崇祯，弥留之际，还不忘叮嘱崇祯帝要重用魏忠贤，然而志在振兴的崇祯在三个月后就铲除了这个大祸害。

天启帝荒唐昏聩，是一个欠教育的顽童，终究是被放错了位置。

只知魏忠贤，不知有皇上

魏忠贤在天启皇帝醉心木工活的时候，把持朝政，玩弄群臣，危害极大。直到明朝最后一位皇帝崇祯即位后，才把他除掉。

明熹宗即位后，明末以魏忠贤为代表的宦官阶层就开始一路平步青云，拉开了中国历史上最昏聩的宦官专权的序幕。一大批不满魏忠贤的官员士子惨死狱中；一大批无耻之徒先后依附于他，更有某些阿谀奉承之臣到处为他修建生祠，耗费民财数千万。魏忠贤自称九千岁，排除异己，专断国政，以致后来人们"只知有忠贤，而不知有皇上"。

魏忠贤，原名李进忠，北直隶肃宁（今属河北）人。本是市井无赖，后来因为欠下赌债，没办法自阉入宫做了太监。魏忠贤通过太监魏朝介绍投入王安门下，颇得信赖。对他来说，这是一个重要的转机。此时正逢光宗朱常洛驾崩，内宫乱事纷纷，又发生了著名的明末三大案，朋党之争愈演愈烈，给了魏忠贤一个十分有利的客观环境。

这时东林党人士吏部尚书赵南星，在朝廷中排斥其反对派，于是非东林党的官员们便愤而结交魏忠贤，魏忠贤的势力继而又增强了。1624年，魏忠贤遭到东林党杨涟的弹劾，但因朱由校的袒护，所以幸免于难。自此魏忠贤视东林党人为眼中钉，开始大规模迫害、镇压东林党人士。天启五年（1625年），魏忠贤借熊廷弼事件，诬陷东林党的左光斗、杨涟、周起元、周顺昌、缪昌期等人有贪赃之罪，大肆搜捕东林党人。天启六年（1626年），魏忠贤又杀害了高攀龙、周宗建、黄尊素、李应升等人，东林书院被全部拆毁，讲学中止。至此，东林党被魏忠贤势力彻底消灭了。

王安死后，魏忠贤升为司礼监秉笔太监。这打破了常规，因为他不识字，没有资格入司礼监。天启帝皇后张氏，多次向皇帝谈起客氏、魏忠贤的过失。皇后主持后宫事务，有权直接处置客氏，但她没有这样做，或因投鼠忌器，或希望天启帝决断。一次，张皇后在看书，天启帝问她在看什么书，她答道："《赵高传》。"张皇后用意很明显，天启帝默然。张皇后因此深受客、魏二人迫害，在她有身孕时，客氏和魏忠贤派亲信服侍，致使其流产。另外一些得罪客、魏的妃嫔，连性命也难保。

魏忠贤的命运，一直到崇祯皇帝登上皇位之后，才被改变，最终被钉在"史上最坏的奸臣"的牌位之上。

像风一样自由的东林党

结党,顾名思义,其实就是一个大集团的一部分人,或者是一些人团结在一起,互通情报,互惠互利,互相包庇。他们或者以地区划分,或者以学派划分,或者以年龄划分。历代帝王是不容许有人结党的。因为结党之人,势力一旦强大,便有夺天下的危险。但在明朝末年,却出现了以士大夫为主的利益集团。这就是史上最强自由主义集团——东林党。其实,东林党的名称就是以聚集地东林书院命名的,是明晚期一个以江南士大夫为主的政治集团。

万历三十二年(1604年),被革职还乡的顾宪成在常州知府欧阳东凤、无锡知县林宰的资助下,修复宋代杨时讲学的东林书院,与高攀龙、钱一本、薛敷教、史孟麟、于孔兼及其弟顾允成等人在其讲学。"讲习之余,往往讽议朝政,裁量人物",其言论被称为清议,而且清议接近于现在的脱口秀,内容诙谐,言之有物,吸引了很多的"粉丝",而且这些"粉丝"的档次都很高,在朝在野的各种政治代表人物、某些地方实力派等,一时都聚集在以东林书院为中心的东林派周围。就像现在的"凉粉""春粉",都得有一个可爱的名字,当时的

人没有现在人那么幽默,而且"粉"作为外来名词那时还没被引进,大家一想,这些人聚在东林书院,就叫东林党吧,这就是东林党的由来。

明神宗朱翊钧统治后期,宦官擅权,倒行逆施,政治日益腐化,社会矛盾激化。针对这一现象,东林党人的一些先进看法得到当时社会的广泛支持,同时也遭到宦官及其各种依附势力的激烈反对。

当时,不少怀抱道义而不被当政者所接纳的士大夫退归林野,东林书院使他们感觉找到了知音,因此都争相前来,使得"学舍至不能容"。顾宪成常说:"当京官不忠心事主,当地方官不志在民生,隐求乡里不讲正义,不配称为君子。"他的这些观点博得志同者的响应。讲学之余,他们聚在一起,褒贬品评执政的大臣,用"君子"和"小人"去区别政治上的正邪

两派。这样一来,朝中的一些官员,如孙丕扬、邹元标、赵南星等人,也与东林书院遥相应和、互通声气。他们怀着忧国忧民的意识,意在有所作为,形成了一股不容忽视的政治势力。东林党人号称"清流",影响着天下的舆论。

与东林党政见不合的是内阁大臣王锡爵、沈一贯和方从哲等人,他们被称为"浙党"。另外还有"秦党",成员都是陕西籍的官僚;还有"齐党""楚党""宣党",都是以首领的籍贯命名的。"秦党"的政见与"东林党"相吻合,其他各"党"都与"浙党"声气相通,党争之风甚嚣尘上。

东林党人不畏强权,为民请命,大胆弹劾朝中权贵,反对"矿监""税使",甚至胆子大到敢于冒犯龙颜。当凤阳巡抚李三才受到内阁大臣论处的时候,在东林书院讲学的顾宪成就给叶向高、孙丕扬,上书称颂李三才的政绩。御史吴亮把顾宪成的信抄在邸报中,使攻击李三才的人大为恼火。

李三才任职凤阳巡抚期间,曾经查抄了太监陈增的爪牙程守训的几十万赃款及大量的奇珍异宝,并将程守训依法治罪,办了一件大快人心的好事。他还多次上疏,陈述矿税的弊害,并且提议修浚河渠、建筑水闸、防范水旱,这些主张非但没有被采纳,反而被罚了五个月的俸禄。李三才在奏章中指责万历皇帝说:"陛下宝爱珠玉,百姓也想温饱;陛下爱护子孙,百姓亦爱恋妻儿。何以陛下要拼命地聚敛财宝却不让百姓满足升斗之需呢?为什么陛下要延福万年,却不让百姓享受朝夕之欢呢?"

对于后妃干政和宦官专权，东林党人始终加以反对，哪怕是被削职罢官、逮捕问罪也始终不改。在"争国本"事件和以后发生的"梃击""红丸""移宫"三案中，东林党人都从维护皇权的立场出发，公开抨击危害皇太子、皇帝的行为，主张严厉追查三案的当事人及其幕后主使者。

东林党人还在"京察"和"外察"中力图整肃吏治。"京察"和"外察"是对官吏进行考核的两种制度。"京察"是考察在京任职的官员，每六年一次；"外察"是考核在地方上任职的官吏，也被称为"大计"，每三年一次，一般是趁外官来京师朝见皇帝时加以考察。"京察"是根据官员的政绩、品行，来决定升迁、降调或罢官等奖惩。若是"京察"中被罢了官，将终生不再起用。

万历三十三年（1605年），主持"京察""外察"的是东林党人都御史温纯和吏部侍郎杨时乔，就把浙党官员钱梦皋、钟兆斗等人贬谪了。但南京的"京察""外察"主持者则是齐、楚、浙党，他们抓住这个机会斥逐东林党的官员。万历四十五年（1617年），浙党首领当上了内阁首辅，这一年的"京察""外察"，东林党人受到很大的打击。这样一来，就形成了一种朋党混争的局面，东林党人的政治主张也和他们排除异己的动机纠缠不清，给攻击他们的人制造了口实。最后在与宦官魏忠贤势力的斗争中元气大伤，自此衰落了。

历史脉络图

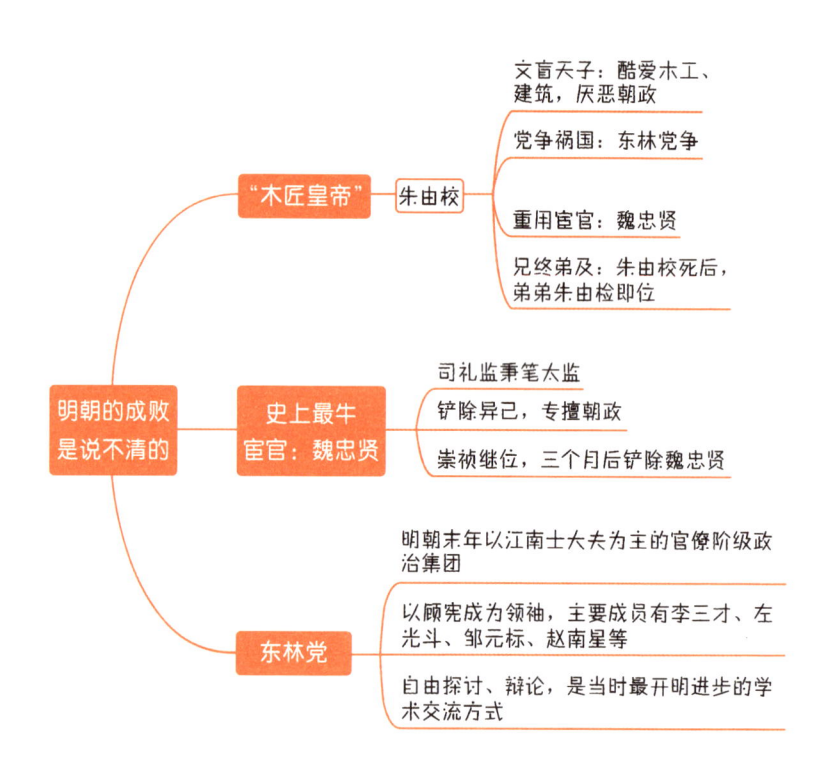

明朝的成败是说不清的

- "木匠皇帝" — 朱由校
  - 文盲天子：酷爱木工、建筑，厌恶朝政
  - 党争祸国：东林党争
  - 重用宦官：魏忠贤
  - 兄终弟及：朱由校死后，弟弟朱由检即位

- 史上最牛宦官：魏忠贤
  - 司礼监秉笔太监
  - 铲除异己，专擅朝政
  - 崇祯继位，三个月后铲除魏忠贤

- 东林党
  - 明朝末年以江南士大夫为主的官僚阶级政治集团
  - 以顾宪成为领袖，主要成员有李三才、左光斗、邹元标、赵南星等
  - 自由探讨、辩论，是当时最开明进步的学术交流方式

第九章

明王朝没落了

袁崇焕死得有点冤

崇祯皇帝一生最失败的事就是误杀了袁崇焕。

袁崇焕生于万历十二年（1584年）四月二十八日。万历四十七年（1619年）袁崇焕中三甲第四十名，赐同进士出身，授福建邵武知县。后来的袁崇焕成了一位杰出的军事家，打赢了许多场战役。而在最著名的宁锦大捷后却遭遇督饷御史刘徽、河南道御史李应荐等弹劾，要求"从重议处"，心灰意冷的袁崇焕以有病为由，申请辞官回家养病。

后来，崇祯坐上皇位之后，召回了因宁锦大捷反而被魏忠贤罢官的袁崇焕，拜兵部尚书，督师蓟辽，赐尚方宝剑。兵部尚书是最高军事行政官，督师是最高军事指挥官，袁崇焕一身兼之，可谓达到了其军旅生涯的顶点，也足见崇祯对其的重用之情。

袁崇焕走马上任，坐镇辽西，一直对其心存恐惧的满兵再也不敢取道宁锦以入山海关，于是他们决定从蒙古入关。袁崇焕因此上疏奏请朝廷务必加强遵化的防守，增设团练总兵。连上三疏，朝廷却因为他推荐的总兵人选被弹劾，不予理睬。果然如袁崇焕所料，崇祯二年（1629年）十月二十七日，皇太极率领满兵十余万，以蒙古兵为前导，从喜峰口窜入长城，直攻遵化。

本来这些地方与袁崇焕无关，但他一心爱国，得到消息后，即与祖大寿、何可纲率兵入援，沿路经过抚宁、永平等地逐路置防，逐城设守，一路走一路计划截断满兵的归路。

十一月十日，袁军到达蓟州，与满兵交锋，满兵怎么也没有料到会在这里遭遇袁军，马上向通州退兵，直逼北京。袁崇焕马上率五千骑兵急速追赶，一路上，士不传餐，马不再秣，两天两夜快马加鞭行了三百多里路，比满军还早到北京三日。崇祯见袁军赶来大喜，立即召见袁崇焕，赐御馔和貂裘，但袁崇焕要求让士兵入城休养，却没被批准，只得驻扎在广渠门外。满兵一路攻上来，到高密店时侦知袁军已在北京，无不大惊失色，以为袁军从天而降。二十日，两军在广渠门会战。袁军后来又到了四千骑兵，合起来也不过九千人，以这九千人大战十万满兵，以一当十，从早打到晚，满兵终于不支败退，连退十几里才稳住了阵脚。并不会武功的袁崇焕因为这一仗关系重大，披上甲胄亲自上阵督战，把满兵一直往北追到了运河。

这一仗，袁军能击败十倍于己的敌军，靠的是誓死保卫京师的高昂士气和爱国之心以及对战事的准确推测，赢得十分侥幸。尽管皇上、文武百官和百姓给了袁崇焕莫大的荣誉，他也没有被胜利冲昏头脑，而是按兵不动，等待随后赶到的大批步兵和各地的勤王兵。崇祯一再催促他出战，他都以兵困马乏、等待援兵为由加以推迟。其实即使援兵赶到，他也未必就愿意

立即跟满兵决战，因为打野战，明军不是能骑善射的满兵的对手。袁崇焕对满兵的战略向来是"战虽不足，守则有余；守既有余，战无不足"。这一次皇太极以倾国之师深入大明腹地，本来极其冒险，拖得越久，对他们越是不利。袁崇焕的计划便是截断满兵退路，把满兵围困住，等到各路勤王兵云集，时机成熟，再四面合围，进行决战，毕其功于一役。即使不能在此役全歼满兵，也当能给其重创，自己先前向崇祯夸下的"五年全辽可复"的海口，隐隐有了希望。这时有两路勤王兵赶到，袁崇焕并未把他们留下守卫北京，而是一路派去昌平保卫皇陵，另一路退至三河截断满兵后路。他自己的主力预计十二月初三、初四日即可赶到，便可以开始实施合围计划了，一切的计划是那么完美，一切都按着计划进行着。可惜的是，到了十二月初一袁崇焕竟然被捕下狱，究竟发生了什么？

袁崇焕的罪名，是擅主和议，专戮大帅。擅主和议，是指他跟皇太极的议和。皇太极与明军每打完一仗，都要主动议和，而这些议和多半是带有欺骗性的缓兵之计。袁崇焕对此并非不知道，但是在军事上处于劣势的明军更需要有一段和平的时间用于休养兵马，巩固城池，因此对皇太极的每次议和他都积极响应，两人书信往返不断。这一切并非背着明廷干的，而明廷对议和虽然不以为然，却也并不怪罪。对此崇祯本来也很赞赏，当袁崇焕"擅主和议"之时，崇祯甚至还升了他的官，给了他太子少保的头衔。后来，明朝的士大夫鉴于南宋的教训，无不以与满人和谈为耻，于是，翻起了历史老账。而此时，崇祯对袁崇焕迟迟不肯出兵起了怀疑之心,加上朝臣之中有人说出袁崇焕与皇太极有书信来往,交往过密,这一切让崇祯不得不担心起来,他忘记了袁崇焕快马加鞭,一心保国时的不吃、不眠,被蒙蔽了双眼,下令让袁崇焕入狱。

大明江山一下子变得岌岌可危。

煤山自缢的悲情皇帝

崇祯皇帝，即明思宗朱由检，明朝末代皇帝，明光宗第五子，熹宗朱由校之弟，在位共十七年，年号崇祯。

崇祯皇帝朱由检，于1622年被册封为信王。明熹宗于1627年八月病故后，由于没有子嗣，他受遗命于同月丁巳日继承皇位。第二年改年号为"崇祯"。

如果说朱由校"天性散淡"，那么朱由检就深知作为皇帝所必须履行的职责是什么了，于是他刚一即位就大力清除朱由校时期膨胀的阉党。史书记载：明天启七年（1627年）十一月，朱由检抓准时机铲除了魏忠贤的羽翼，使魏忠贤处于孤立无援的境地，当然其中也大费了周折，之后又一纸诏书，贬魏忠贤去凤阳守陵。在其畏罪自缢而死后，崇祯下令磔尸于河间。此后，将阉党二百六十余人，或处死，或遣戍，或禁锢终生，使气焰嚣张的阉党受到致命打击。崇祯皇帝铲除了魏忠贤集团，曾一度使明王朝有了中兴的可能。可惜的是大明江山气数已尽，不论崇祯怎么革新也是回天无力了。

当时的大明王朝外有扰乱，内有农民起义军的烽火逼压，而朝臣中门户之争依然连绵不绝，疆场上则将骄兵惰。面对危机四伏的政局，朱由检殷殷求治，每逢经筵，恭听阐释经典，毫无倦意，召对廷臣，探求治国方策，勤于政务，事必躬亲；同时，他平反冤狱，恢复天启年间被罢黜的官员，全面考核官员，禁朋党，力戒廷臣交结宦官；整饬边政，以袁崇焕为兵部尚书，赐尚方宝剑，托付其收复辽的重任。与前两朝相较，朝政有了明显改观。

可以想象这个明朝末代皇帝的求治心切，他很想还大明朝一个清正廉明又繁荣昌盛的盛世。但因矛盾丛集、积弊深重，短期内根本不可能使政局好转。后来的朱由检因为急于求成，性格变得越来越急躁、刚愎自用、多疑，因此在处理朝政大事中屡铸大错。在与后金战争的紧要关头，朱由检中了后金皇太极的反间计，冤杀袁崇焕，使辽东防卫几近崩溃。他又增加赋税，增调重兵全力防范雄踞东北的后金政权和镇压李自成、张献忠领导的农民军。

太多的不顺加上其可能对大明前途的失望，后来的崇祯竟然像其哥哥一样重用另一批宦官。他把一些大权，比如行使监军和提督京营大权都交给了宦官们。大批宦官被派往地方重镇，凌驾于地方督抚之上，甚至派宦官总理户、工二部，而将户、工部尚书搁置一旁，致使宦官权力日益膨胀，统治集团内部矛盾日益加剧。

大明崇祯十七年（1644年），明王朝面临灭顶之灾。明军在与农民起义军和清军的两线战斗中，屡战屡败，已完全丧失战斗力。三月十七日，农民起义军围攻京城。十八日晚，朱

由检与贴身太监王承恩登上煤山，远望着城外和彰义门一带的连天烽火，只能哀声长叹，徘徊无语，回宫后写下诏书，命成国公朱纯臣统领诸军并辅助太子朱慈烺，又命周皇后、袁贵妃和三个儿子入宫，简单叮嘱了儿子们几句，命太监将他们分别送往外戚家躲藏。他又哭着对周皇后说："你是国母，理应殉国。"周皇后也哭着说："妾跟从你十八年，陛下没有听过妾一句话，以致有今日。现在陛下命妾死，妾怎么敢不死？"说完解带自缢而亡。朱由检转身对袁贵妃说："你也随皇后去吧！"袁贵妃哭着拜别，自缢。朱由检又召来十五岁的长公主，流着泪说："你为什么要降生到帝王家啊？"说完左袖遮脸，右手拔出剑砍中了她的左臂，接着又砍伤她的右肩，她昏死了过去。朱由检又砍死了妃嫔数人。十九日凌晨，李自成起义军从彰义门杀入北京城。朱由检咬破手指写了一道给李自成的血书，说自己所以有今天，都是被臣下所误，现在死了也无脸到地下见列祖列宗，只有取下皇冠，披发遮面，任你们分割尸身，只是不要去伤害百姓。他将血书藏入衣襟，登上煤山，自缢于寿皇亭。王承恩也在对面树上吊死殉国。

李自成进城后，将他的尸体抬到东华门，搜出身上的血书，葬在昌平州。清军入关后，将他移葬思陵。

清朝编纂的《明史》依旧承认他兢兢业业、勤勉节俭，是历朝历代末代唯一一位的勤劳节俭、清正廉洁的皇帝。崇祯的一生可以说充满了悲剧色彩，他拥有极强的政治手腕，心思缜密，果断干练，并且精力充沛，几乎拥有历史上所有明君的特征，崇祯的是非功过充满争议，是中国历史上最具悲剧色彩的皇帝之一，用"无力回天"这四个字，可以概括崇祯的一生。

历史脉络图

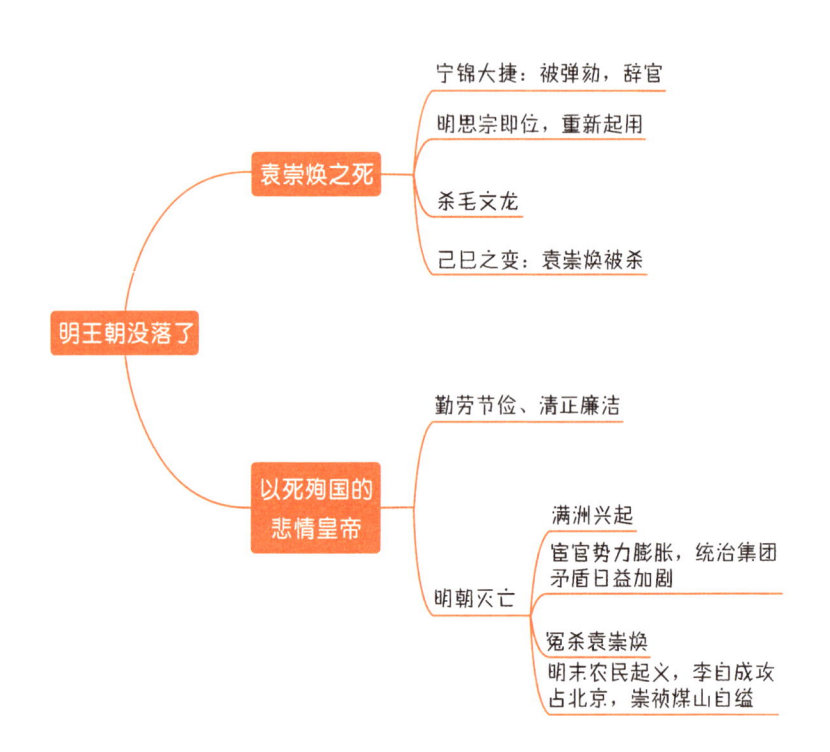

- 明王朝没落了
  - **袁崇焕之死**
    - 宁锦大捷：被弹劾，辞官
    - 明思宗即位，重新起用
    - 杀毛文龙
    - 己巳之变：袁崇焕被杀
  - **以死殉国的悲情皇帝**
    - 勤劳节俭、清正廉洁
    - 明朝灭亡
      - 满洲兴起
      - 宦官势力膨胀，统治集团矛盾日益加剧
      - 冤杀袁崇焕
      - 明末农民起义，李自成攻占北京，崇祯煤山自缢

参考文献

［1］谷应泰. 明史纪事本末 [M]. 北京：中华书局，2018.
［2］宗承灏. 大明朝：1368—1644：从洪武到崇祯的权力变局 [M]. 北京：北京联合出版公司，2017.
［3］张廷玉. 明史 [M]. 北京：中华书局，1974.
［4］《二十四史》编委会. 二十四史 [M]. 北京：线装书局，2014.